# Matthew and Business

마태복음에서 만난 경영의 지혜

굿 비즈니스,
위대한 기업경영을 위한
마태복음의 지혜

# 발간사

성경말씀은 하나님이 인간에게 준 진리와 생명의 메시지이며 신앙의 근본이라는 것을 알면서도, 대다수의 크리스천들이 말씀을 삶에 적용하는 것이 잘 안된다는 생각을 하고 있습니다. 더욱이 수많은 위기와 도전 속에서 기업을 경영하는 CEO의 입장에서는 매우 지난한 과제가 아닐 수 없습니다. 나 자신도 오랫동안 이런 고민을 하다가 말씀을 기업 현장에 접목하고 실천하기 시작하면서 경영의 새로운 지평이 열리게 되었습니다. 이러한 경험을 모아서 책을 쓰고 강연도 하는 기회를 갖게 되면서, 수많은 기업인들로부터 질문을 받게 되었습니다. 어떻게 하면 성경의 진리를 기업현장에 적용하여 올바른 경영을 하면서도 성과를 높일 수 있습니까? 이 책은 이러한 질문에 답을 하기 위해 쓰여졌습니다.

'기업 세계 위에 하나님 나라가 임하게 하옵소서'라는 사명을 가지고 지난 20여년간 연구활동을 해온 기독경영연구원의 교수들에게 이에 대한 답을 찾는 과제를 의뢰했습니다. 1차 년도의 연구 과제로서 구약에서는 창세기, 신약에서는 마태복음을 중심으로 성경의 진리가 기업 경영 현장에 어떻게 적용될 수 있는가를 탐구하게 되었습니다. 단순히 성경적 원리를 제시하는 차원이 아닌 경영 이론에 비추어 어떻게 해석하고 적용할 수 있는가, 그리고 실제 경영 사례는 어떤 것이 있는가를 체계적으로 정리하는 작업은 결코 쉽지 않은 과정이었습니다. 이 분야에 오랫동안 연구를 해온 교수와 전문가들이지만 수많은 탐색과 토론의 시간을 거쳐 '창세기에서 만난 경영의 지혜'와 '마태복음에서 만난 경영의 지혜'라는 두 권의 작품을 탄생시키게 되었습니다. 이 프로젝트에 참여한 연구진들에게 큰 감사의 마음을 전합니다.

2020년 봄에 시작된 프로젝트가 1년 만에 완결되어 책으로 출간하게 된 것은 하나님의 은혜이며 축복이 아닐 수 없습니다. 그당시는 네패스의 회장으로서 연구 의뢰를 했지만 금년 3월 나 자신이 기독경영연구원의 이사장이 되면서 이제는 책을 발간하는 입장이 되었습니다. 특히 금년은 기독경영연구원이 25주년이 되는 해여서, 여호와 이레 하나님께서 예비하신 것이라는 생각이 듭니다. 출판을 통한 하나님 나라 실현이라는 사명을 가지고 그간 기독경영연구원의 연구 성과를 출판해 왔으며, 이번에도 기꺼이 맡아 준 샘앤북스-맑은나루의 이낙규 대표에게도 감사하는 바입니다.

이 책이 기업현장에 있는 경영자들과 직장인들에게 널리 읽혀져서 기업세계 위에 하나님의 나라가 확장되기를 바랍니다. 우리모두 하나님께서 말씀하신 '생육하고 번성하라'라는 창조명령과 '땅끝까지 복음을 전하라'라는 선교명령을 온전히 감당하여, '잘하였도다, 착하고 충성된 종아'라는 칭찬을 듣게 되기를 간절히 기도합니다.

이병구, 기독경영연구원 이사장

# 추천사

기독경영연구원은 1996년에 창립되어, '경영에 하나님의 뜻이 이루어져 기업세계 위에 하나님 나라가 임하게 하옵소서'라는 사명을 충실히 감당하며, 명실공히 기독경영연구의 중심으로 자리매김 하고 있습니다. 그간 기독경영의 원리를 도출하기 위해, 경영학 및 학제적인 학문 분야를 성경적 관점으로 심도 있게 고찰하여 많은 연구의 결과물을 발표하여 왔습니다. 그 중 대표적인 몇 가지를 언급하면, '기독경영원리 JusT ABC', '굿비즈니스 플러스', '기독경영 로드맵 11', '기업이란 무엇인가', '크리스천 CEO의 고민에 답하다' 등이 있습니다. 또한 기독경영원리를 실천사례집으로서 '굿비즈니스 현장 스토리', '비즈니스 미션', '경영, 신앙에 길을 묻다' 등을 출간하였습니다.

이번 출간되는 '창세기에서 만난 경영의 지혜'와 '마태복음에서 만난 경영의 지혜'는 이전 기독경영 연구 결과물과 접근방법의 차이가 있다고 보여집니다. 지금까지의 연구는 경영학과 관련 학문의 로고스에 기반한 경영원리가 성경에서 어떻게 접목되는지를 'Outside In'의 연구방법론으로 탐구하였다면, 이번에는 성경—구약 창세기와 신약 마태복음—에서부터 출발하여 성경으로부터 경영원리를 도출하고 사례를 제시하였습니다. 창세기는 하나님의 정체성을 계시하며, 마태복음은 하나님이신 예수님의 정체성을 계시하는 복음이라고 할 수 있습니다. 이번의 연구는 성경으로부터 출발하는 'Inside Out'의 연구방법론을 적용하여 하나님 뜻에 합당한 기독경영을 고찰한 것으로 볼 수 있습니다. 기독경영의 연구는 이러한 두 접근법이 통합되면서 성경적 경영의 실체에 보다 더 가까이 다가갈 수 있을 것입니다.

네패스의 회장으로서 기독경영원리 실천에 솔선수범하시며, 이번 출간에 아낌없이 물심양면 격려하여 주신 기독경영연구원 이병구 이사장님께 존경과 감사의 말씀을 드립니다. 또한 여러 바쁜 일정에도 지난 1년여간 열과 성을 다해 주신, 창세기 경영원리팀의 한정화 아산나눔재단 이사장님과 연구위원님들, 그리고 마태복음 경영원리팀의 김세중 기독경영연구원 부원장님과 연구위원님들께 깊은 감사의 말씀을 드립니다. 자문을 맡아주신 천상만 목사님과 원고 검토와 조언의 도움을 주신 네패스의 관련 임원분들께도 감사드립니다. 저서의 가독성을 제고해 주시고, 문서선교사명으로 출판을 맡아주신 샘앤북스—맑은나루 이낙규 대표님께 감사드립니다.

아무쪼록 이 책이 비즈니스계에 널리 확산되어 기독경영 실천에 고민하고 있는 경영자와 임직원분들에게 해법을 제공하며, 경영에 하나님 뜻이 이루어져 기업세계에 하나님 나라가 임하는 그날을 앞당기는 소중한 역할을 감당할 수 있기를 간절히 소망합니다.

이형재, 기독경영연구원 원장

마태복음에서 경영의 원리를 찾아낸다는 아이디어가 신선하다. 이 책을 읽는동안 마태복음이 영성만이 아니라 새삼 경영의 보고라는 생각이 들었다. 성경은 보는 관점에 따라 무궁무진한 진리의 적용이 가능하다는 것을 실감한다. 그래서 성경을 깊이 묵상하는 경영자는 형통할 수 밖에 없다. 좋은 음식을 먹으면 가족에게 소개하고 싶은 것처럼 이 책을 경영자들과 직장인들에게 권하고 싶다.

　　　두상달, 인간개발연구원 이사장/ 국가조찬기도회 명예회장

　성경에서 경영의 원리를 찾아내고 이를 기업경영에 적용한다면 탁월한 성과를 얻을 수 있을까 라는 질문은 기독 경영인이라면 누구나 갖고 있을 것이다. 이런 질문에 부응하기 위해서 본서는 경영학자들이 마태복음에서 깨달은 기독경영의 원리를 소개하고 있다. 구체적으로 저자들은 팔복의 원리, 헤세드의 원리, 청지기 원리, 섬김의 원리, 위기극복의 원리, 인재육성의 원리, 위임의 원리, 고객만족의 원리, 안식의 원리 등 아홉 가지 원리를 설명한다. 또한 이 책은 기독경영의 원리를 기업에 어떻게 적용할 것인가에 관해서 많은 기업의 경영사례를 통해 실제적으로 보여주고 있다. 성경에서 경영의 원리를 찾고 이를 기업경영에 적용하여 하나님의 나라를 구현하려는 기독경영자들에게 이 책을 필독서로 추천한다.

　　　이장로, 고려대 명예교수/ 기독경영연구원 초대원장

마태복음의 경영 원리를 9개로 분석하여 하나의 프로세스로 정리한 점이 한눈에 들어온다. 이 책은 실천 지침과 토의 주제까지 친절하게 제시해 주어 CBMC 지회와 교회 소그룹에서 사용할 교재로 안성맞춤이다. 강력 추천한다.

이대식, 한국기독실업인회(CBMC) 중앙회장

　이 책은 '비즈니스 성경'이라고 해야 할까! 성경 밑에 꼭 놓아두고 비즈니스 하는 분들은 읽어야 할 것 같다. 내가 기다려오던 장르의 책이다. 마태복음은 하늘나라의 원리를 그대로 지상에 전해 주는, 구약과 신약의 가교가 되는, 옛 언약에서 새 언약의 시대를 여는, 그러므로 새로운 경영시대를 여는 놀랍고 귀한 보석들이 가득한 책이다. 마태복음에서 귀한 경영의 지혜를 끄집어낸 이 책을 모든 일터에 계신 분들에게 권한다.

김윤희, 횃불트리니티신학대학원대학교 총장/ FWIA 대표 예수님이 오늘날 계시다면 기업을 하지 않으셨을까? 사람들의 삶에 지대한 영향을 미치는 기업은 예수님의 분명한 관심사였을 것이다. 이 책은 창업가가 성장과 위기를 거쳐 인재육성으로 후대에 위임하는 경영의 라이프사이클을 성경에서 도출해내는 놀라운 책이다. 경영자와 예비 경영인들에게 필독을 권한다.

신혜성, 와디즈 대표

　　수많은 경영이론과 리더십 방법론을 가능성으로 제안하지만 성경은 최종 권위를 가지고 확신을 제공한다. 이 책은 마태복음을 통해 크리스천 경영자가 세워지는 과정으로 해석하고 적용하는 탁월한 해석과 적용점을 담고 있다. 이 책의 저자들은 예수님을 21세기 대한민국 어딘가에서 만난 분으로 등장시키고 있다. 책의 한 챕터를 펼칠 때마다 사무실에 방문하셔서 질문하고 가르치시는 나의 경영 코치로서의 예수님을 만나게 될 것이다.

김경민, 가인지 컨설팅 그룹 대표

*Prologue*
시작하는 말

비즈니스로 바쁜 경영자들이 쉽게 읽을 수 있는 성경, 그러면서도 그 안에서 경영의 귀한 원리들을 발견할 수 있는 해설서가 있다면 얼마나 좋을까? 이 책은 이러한 경영자들의 현실적인 요구에 대한 응답의 일환으로 시작되었습니다.

성경은 지난 2000년간 시대를 넘어 남녀노소를 불문하고 많은 독자들의 사랑을 받아왔습니다. 말씀 속에서 젊은이들은 하나님 나라에 대한 비전과 사명을 발견하였으며, 중장년들은 인생을 새롭게 할 꿈과 지혜를 얻었습니다. 그들은 모두 각자 처한 삶의 정황과 직업의 위치에서 성경을 독해하려고 노력하였습니다. 현대에 와서는 특별히 현대인들이 대부분의 시간을 보내는 직장에서 어떻게 말씀의 원리를 실천하며 살아야 할지에 대해 많은 연구와 저술이 있었습니다. 그러한 연구들 가운데 기독경영연구원에서는 성경 66권이 말하는 경영의 원리를 크게 6가지(창조, 책임, 배려. 공의, 신뢰, 안식)로 정리하는 의미 있는 기초작업을 할 수 있었습니다.[1] (굿비즈니스 플러스)

이러한 체계적인 노력들은 앞으로도 계속 발전되어야 할 것입니다. 한편, 실제로 성경을 읽는 경영자들은 우리가 성경을 권별로 읽을 때 그 안에서 어떠한 교훈과 원리를 발견할 수 있는지,

그것을 어떻게 경영현장에 적용할 수 있을지에 대한 논의와 기대를 가져왔습니다. 이런 의미에서 권별 성경읽기의 첫 시작으로 신약에서 마태복음이 선택되었습니다. 그 이유는 마태복음은 구약의 창세기와 같이 신약에서 가장 많이 읽히는 책 중의 하나로 구약과 신약을 연결하는 역할을 하며 독자들에게 친숙하기 때문입니다. 또한 세리였던 저자 마태가 세상과 조직 속에서 치열하게 경험한 리더십과 권위의 갈등, 불공정한 사업관행, 진실과 위선, 고용인과 피고용자와의 관계, 양극화 현상, 일과 안식, 제자육성과 위임 등의 일터와 경영현장에서의 다양한 문제를 다루고 있기 때문입니다.[2] 마태복음의 기록 속에 나타난 영적 경영의 원리는 무엇일까에 대하여 저자들은 진지한 탐색과 논의를 하였습니다. 대표적으로 팔복의 리더십, 헤세드(긍휼), 청지기, 섬김, 황금률, 위기극복, 인재육성, 위임과 BAM, 안식과 출구전략의 9가지 원리를 찾아내게 되었습니다. 저자들은 이러한 원리를 경영 이론에 비추어 해석하고 검증하는 작업을 했으며 일관된 경영의 프로세스로 정리할 수 있었습니다. 아울러 경영 현장에 나타난 다양한 사례들을 제시하였습니다. 또한 각 장마다 실천 지침과 토의 주제를 만들어 경영자와 관리자들이 실무적으로 활용하는데 도움을 주고자 했습니다. 기업 경영에 성경의 진리가 올바르게 해석되고 적용된다면 하나님이 보시기에 좋은 선한 열매를 많이 맺을 수 있을 것으로 믿습니다.

지난 1년 동안을 돌이켜 볼 때 어떤 저자는 실제로 위기를 겪으면서 위기극복을 집필하기도 했습니다. 어려운 여건 속에서도 저자들이 사명감을 가지고 팀웍을 이루어 작업할 수 있도록 인도해주신 하나님의 은혜에 깊이 감사를 드립니다. 무엇보다도 성경의 권별 경영원리 연구라는 아이디어를 창안하시고 연구의 기회를 주신 네패스의 이병구 회장님께 감사를 드립니다. 회장님 자신이 성경의 진리를 경영현장에 적용하여 탁월성과 진실성을 통해 선한 영향력을 미치고 계신 분이기에 저희 팀도 '할 수 있다'는 용기를 가지고 작업에 임할 수 있었습니다. 자문을 해주신 천상만 목사님, 원고를 세밀하게 검토하시고 유익한 조언을 해주신 이종욱 공감센터장님, 행정업무를 맡아주신 정성찬 본부장님께도 감사를 드립니다. 기독경영연구원의 저술 출판을 위해 늘 불편한 수고를 마다 않으시는 샘앤북스—맑은 나루의 이낙규 대표님과 교정 및 편집을 위해 세심하게 수고해 주신 박정윤 작가님께도 감사의 마음을 전합니다.

이 책이 성경 권별 경영연구의 시작으로 널리 읽혀지고 더 많은 후속 연구와 실천이 이루어져 기업세계 위에 하나님의 나라가 구체적으로 임하는 역사를 보게 되기를 바랍니다.

기독경영연구원 25주년을 기념하며
저자일동

# *Contents*
차례

# 1

마태복음에서 배우는
기독경영 원리

— 하나님 나라와 미션 관점 —

# 1. 서 론

2천년 전에 기록된 신약성경과 오늘날의 시간의 간극을 감안할 때 역사, 문화, 사회, 과학, 종교, 언어 등 전반에 걸쳐서 해석상의 커다란 차이와 오류가 존재할 수 있다. 그래서 이러한 위험을 최소화하기 위하여는 신약성경이 기록된 당시의 역사 문화적 배경과 삶의 정황을 자세히 살펴 보는 것이 필요하다. 평신도 성경 연구과정(JIBS)을 인도하고 있는 박은서 목사는 단원 김홍도의 그림을 예로 들어서 이를 설명한다.[3]

(보물 527호 단원 풍속도첩, "씨름", 단원 김홍도(1745~1816))

지금으로부터 약 200여년 전에 단원 김홍도가 그린 이 그림은 조선시대의 단오 축제 저잣거리의 풍경을 그대로 담고 있다. 단오는 우리나라 4대 명절 중의 하나로 음력 5월 5일 모내기가 끝난 후에 치르는 축제다. 이 그림에서 무더운 여름철이 아닌 데도 장터에서 많은 사람들이 부채를 가지고 있는 것을 볼 수 있다. 연구에 의하면 당시 조선시대의 어른들은 앞으로 여름 내내 땡볕에서 땀을 흘리며 열심히 일할 청년들에게 여름을 잘 이겨내라는 의미에서 단오 날에 부채를 선물했다고 한다. 그래서 장터에서는 그날 선물 받은 부채를 자랑하려는 사람들이 많았다고 한다.

　　또한 그림의 오른쪽 하단을 보면 두 사람의 모습이 나와있는데 두 사람 중 상투를 튼 사람의 양 손이 바뀌어 그려진 것을 발견하게 될 것이다. 단원의 그림을 오랫동안 연구한 전문가들은 단원의 다른 그림에서도 양손이 바뀐 부분을 많이 찾아 볼 수 있다고 한다. 그래서 학자들 가운데는 단원 김홍도가 낙관 대신 '자신의 그림'이라는 표식으로 손의 모양을 의도적으로 바꾸어 잘못 그린 것이라는 해석을 주장하기도 한다. 이처럼 하나의 그림에서도 우리는 그 당시의 역사적 배경, 사회적 정황, 심지어 작가의 의도를 다양하게 찾아볼 수 있다. 마찬가지로 성경에서도 우리는 그 기록된 시기의 역사적 배경, 사회적 정황, 그리고 성경을 기록한 저자의 의도를 찾아볼 수 있다. 우리가 그것을 발견해내고 진정한 의미를 해석할 수 있다면, 시간과 문화의 간격을 넘어 현재의 우리 삶에 적합하게 적용할 수 있을 것이다.

## 1) 복음서를 기록한 목적은 무엇이었을까?

저자들의 입장에서 복음서를 기록한 목적을 생각한다면 그 의도를 이해하기가 쉬울 것이다. 가장 먼저 쓰인 복음서는 마가복음으로 주장되는데 주후 60여년(AD 60)으로 추정된다. 왜 이렇게 긴 시간이 걸렸을까? 복음서와 사도행전'을 저술한 데이빗 웬함에 의하면 복음서를 기록한 이유를 다음과 같이 말하고 있다. 여기에는 4가지 이유가 있는데, 첫째는 예수의 사역을 목격한 증인들이 세상을 떠나고 있었기 때문이다. 다음 세대에 이 역사적인 사건을 정확히 전하기 위해 문서화된 기록이 필요했을 것이다. 둘째, 예수의 십자가 사건에 담긴 복음의 메시지를 세대를 넘어서도 정확히 전달하기 위한 전도의 목적으로 기록되었다. 셋째, 산상수훈 등에서 볼 수 있듯 당시 초기 기독교인들의 믿음의 성장을 돕기 위한 교육적인 목적으로 기록되었다. 넷째, 목격자들의 증언을 먼 지역까지 전파하기 위한 문서로 된 기록이 필요했기 때문이다. 기록을 통해 전하고자 하는 내용을 필사본으로 제작하여 여행자들이 가볍게 지니고 다닐 수 있게 되었다.

## 2) 복음서 집필 당시의 역사적 상황[4]은 어떠했는가?

역사가 요세푸스는 당시 로마제국 내의 전체 유대인구는 350만 정도였으며 팔레스틴의 전체 인구는 50~60만명이었다고 추정한다. 그들의 일상은 대부분 고달팠으며 안식일을 지키고 회당 예배에 참여하며 기도와 음식의 율법과 금식의 규칙을 준수했다. 또한 절기를 지키기 위해 예루살렘을 방문해야 하는 성지순례의 의무를 지키며 성실하게 살아갔다. 이스라엘 밖의 디아스포라에 사는 유대인들은 일생에 몇 번은 예루살렘에 직접 방문하여 절기를 지키고자 애썼다. 이들은 여호와께서 보내실 메시아가 로마의 지배로부터 자신들을 해방시키고 자유롭게 신앙생활을 할 수 있게 해주기를 고대하고 있었다.

헤롯 가문과 대제사장이나 세리들은 로마인들 아래서 기득권을 누렸다. 집권층과 백성들의 빈부격차는 매우 컸으며 가혹한 세금에 시달려야 했다. 따라서 세리들은 혐오의 대상이었다. 또한 유대인은 자신들이 신성시하는 성전이 언제 유린될지 모른다는 두려움이 있었다. 당시 사회는 폭력적인 문화가 일상이 되어있어 통치를 반대하는 세력들에게는 가혹한 십자가형과 학살이 자행되었다.

유대교인의 많은 상류층 사람들이 매력적인 헬라문화적 삶의 방식을 도입할 때에 어떤 이들은 이에 반발하여 강하게 유대교의 전통을 고수하려 했으며, 그들 가운데는 구약의 율법과 성전을 중시하는 바리새파와 광야에서 순수함과 거룩함을 보전하려는 쿰란 공동체가 있었다. 부활을 인정하지 않는 사두개파는 정치적으로 지도층에 속해 있었다.

## 3) 마태복음과 사복음서의 관계

사복음서 중 마태복음, 마가복음, 누가복음은 같은 관점에서 기록되었다고 하여 공관복음(共觀福音)이라고 불리운다. 공관복음에서는 예수님의 사역이 갈릴리 가버나움 지방을 중심으로 기록된 반면, 요한복음에서는 예수님이 예루살렘에서 행하신 사역들을 중심으로 기록하고 있다.

신학자인 피터 라잇하르트는 사복음서의 주제적인 특성에 대해서 이렇게 주장했다. 마태복음의 예수님은 그분의 가르침을 듣고 순종하도록 우리를 부르시고, 마가복음의 예수님은 그분이 걸으신 왕의 길, 곧 십자가의 길에서 그분을 따르도록 부르시며, 누가복음에서는 우리들이 예수님의 제자로 성령과 발맞추어 걷게 된다. 요한복음에서는 우리의 인간성을 충만케 하는 영광의 길을 보여주는데, 역설적이게도 그 영광의 길은 바로 십자가의 길이다.[5]

마태, 마가, 누가의 공관복음과 요한복음은 시놉시스(병행구절 비교) 자료를 통해 구절이 의미하는 본래의 의미를 보완적으로 탐구할 수 있다.

마태복음의 기록 연대는 예루살렘 멸망에 대한 묘사로 볼 때 AD 70~100년 사이에 기록되었을 것으로 보는 것이 지배적이며, 주로 유대인들에게 "예수 그리스도가 구약에서 예언한 메시아이며 왕이다" 라는 것을 강하게 이야기한다. 또한 이방인들에게도 예수그리스도를 통한 구원 사역이 유대인에게만 국한된 것이 아니라 모든 인류를 위한 것임을 분명히 드러내고 있다.[6] 베이컨에 의하면 마태복음의 구조는 5개의 설교를 중심으로 신약적 오경으로서 구성되어 있다고 한다.

이상의 기본 지식을 가지고 이제부터 마태복음에서 성경적인 경영의 원리(기독경영원리)를 찾아내고, 이를 경영현장에 적용하는 시도를 하고자 한다. 그리고 이를 추구하는 경영자를 '기독경영자'로 부를 수 있을 것이다.

## 2. 마태복음에 나타난 하나님 나라의 원리

마태복음은 유대인들에게 하나님 나라에 대해 설명하기 위해 쓰여진 성경이다. 마태복음의 하나님 나라는 하나님 나라의 성품, 하나님 나라의 행동원리, 하나님 나라의 제자육성, 하나님 나라의 확장으로 요약할 수 있다.

하나님 나라의 성품은 산상수훈인 팔복에 나타나 있다. 팔복에 대한 가르침은 "이러한 성품을 가지면 복을 받게 될 것이다"라는 조건적 의미가 아니라 "너희는 이미 8가지 성품의 복을 받은 존재이다"라는 선언의 의미이다. 팔복의 성품은 하나님 앞에서 자신의 죄 됨, 부족함, 연약함을 발견하고 애통해하는 겸손이다. 그리고 이러한 겸손과 자기 성찰은 긍휼, 의에 주림 등의 성품으로 이어진다. 하나님 나라에서 다른 사람들을 섬기고 이끌어갈 리더의 성품이기도 하다. 팔복의 성품을 갖추게 되면 마 5:16처럼 이 땅에서 빛과 소금의 역할을 하게 된다.

하나님 나라의 행동원리는 섬김, 안식, 청지기 정신으로 요약할 수 있다. 예수님은 아픈자들의 병을 고치고 배고픈 자들에게 먹을 것을 주며 죄인들의 죄를 사하심으로 사람들을 섬기셨다. 그리고 안식일에 대해 바리새인들과 논쟁하셨다. 안식일은 율법을 위한 날이 아니라, 사람에게 참된 쉼을 주며 하나님을 만나는 날이라는 개념을 회복시키신 것이다. 또한 믿는 자는 재물과 재능을 이웃을 위해 사용하고, 하늘에 보화를 쌓으라고 하시며, 이 땅에서 하나님 나라의 청지기로서 책임 있는 삶을 살 것을 가르치셨다.

하나님 나라의 성품과 행동원리를 가르치고 보여주신 예수님은 공생애 기간 하나님 나라 확장을 위해 일할 제자들을 키우시는 데 많은 시간을 쏟으셨다. 예수님을 따르기 위해 많은 사람들이 몰려왔다. 그러나 예수님은 숫자에 연연하지 않으시고, 예수님께서 승천한 이후 예수님의 일을 계승하여 하나님 나라를 위해 일할 제자들을 키우는 데 중점을 두셨다. 3년 동안은 삶의 현장에서 가르치고 본을 보이시는 것을 통해 제자들을 육성하셨다. 예수님은 이러한 제자들에게 마 28:19~20의 지상명령을 주시고 위임하셨다. 이 땅에서 예수님의 뜻과 하나님 나라의 원리를 실천할 제자들을 키우라는 명령을 하셨다.

또한 기억할 것은 이와 같은 하나님 나라 원리의 중심에는 예수님의 십자가 대속과 부활이 있다. 예수님의 십자가 죽음과 부활이 있기에 우리가 회개와 죄사함을 통해 새 생명을 얻을 수 있는 것이다.


## 3. 기독경영 관점에서 본 마태복음의 하나님 나라의 원리

마태복음에 나타난 하나님 나라의 원리를 기독경영 관점에서 조망해 볼 수 있다. 하나님 나라의 성품인 팔복과 관련된 기독경영의 성품은 겸손과 순종이다. 하나님 나라의 행동원리와 관련된 기독경영자의 행동원리는 섬김의 경영, 쉼을 주는 경영, 기업가정신, 책임경영으로 볼 수 있다. 하나님 나라의 제자육성은 기독경영 관점에서 기독경영을 계승할 인재 키우기로 생각할 수 있다. 하나님 나라의 확장을 위한 대위임은 기독경영 관점에서 기독경영자의 BAM(business as mission)[7]과 관련된다. 그런데 이러한 원리들은 기업의 창업과 성장단계에 따라 동시에 또는 순차적으로 발생하는 일련의 프로세스로 연결되어짐을 발견할 수 있다.

첫째, 팔복에는 하나님 나라의 성품이 나온다. 겸손, 순종하는 온유, 의와 화평을 추구하는 마음, 긍휼의 성품이 나온다. 이것은 기독경영자의 리더십 성품과 원리에 적용될 수 있다. 심령이 가난하고 애통하고 온유하며 의에 주리고 목마른 마음을 갖는 것은 하나님 앞에서 자신이 불완전 함을 인정하여 성찰하고 그 분의 통제를 받으려는 열린 성품이다. 즉 하나님 앞에서 갖는 겸손의 마음인 것이다. 긍휼히 여기고 마음을 청결하게 하고 화평케 하고 의를 위해 핍박 받는 것은 하나님께 순종하는 마음과 모습이다. 기독경영자와 기업은 성공에 도취되거나 교만한 마음을 갖지 않아야 한다.

<기독경영 관점에서 본 마태복음의 하나님 나라 프로세스>

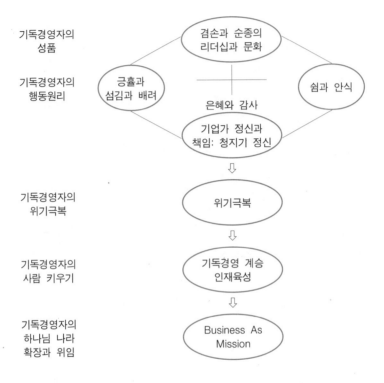

기독경영자의
성품

기독경영자의
행동원리

기독경영자의
위기극복

기독경영자의
사람 키우기

기독경영자의
하나님 나라
확장과 위임

겸손과 순종의
리더십과 문화

긍휼과
섬김과 배려

은혜와 감사

쉼과 안식

기업가 정신과
책임: 청지기 정신

위기극복

기독경영 계승
인재육성

Business As
Mission

　이를 위해 지속적으로 성찰하고 배우며 주위에 공동 선을 이루
려는 순종의 마음을 갖는다면 자연스럽게 시장에서 생존하여 발
전할 뿐만 아니라 더 나아가 빛과 소금의 역할까지 할 수 있을
것이다.

　둘째, 하나님 나라의 행동원리와 관련된 기독경영자의 행동원리
는 섬김의 경영, 쉼을 주는 경영, 기업가 정신과 책임경영이다. 기
독경영은 창조와 혁신을 통해 관련된 이해관계자(stakeholders)들

을 영적, 정신적, 사회적, 경제적으로 섬기는 것이다. 기독경영자는 서번트 리더십을 발휘할 필요가 있다. 그리고 기독경영자의 역할은 예수님이 안식일의 본질을 회복하신 것처럼 치열한 경쟁사회 가운데서 기업 경영과 관련된 사람들에게 육체적, 정신적, 관계적, 영적인 쉼을 주는 것이다. 이러한 쉼과 섬김의 근간에는 기회에 도전하여 개척하고 책임을 다하는 기업가 정신과 책임 경영이 깔려있다. 기독 경영자는 이 땅에서 청지기로서 기회를 찾아 도전하는 기업가 정신을 실천하여 자신이 성장하고 다른 사람들에게 유익을 끼치는 책임을 실천해야 할 것이다.

셋째, 일반 기업들도 사업을 시작한 후 3년은 소위 말하는 Death Valley(죽음의 계곡)를 겪게 된다. 기독경영자도 마찬가지의 고난을 겪는다. 특히 사업의 성장과 더불어 단계마다 위기를 겪게 되고, 또한 기독경영을 실천하려 할 때 시험과 유혹이 있을 수 있다. 그러나 이 모든 것을 오직 믿음으로 하나님께 의지하며 위기의 강을 건널 때 기독경영의 구별된 모습이 나타나게 된다. 그것은 산 위의 동네가 숨기우지 못하듯이, 등경을 말 아래에 두지 않듯이 빛으로 드러나 하나님의 영광을 나타내게 될 것이다.

넷째, 하나님 나라의 제자육성과 관련되어 기독경영자는 기독경영 정신과 원리를 계승할 인재를 육성해야 한다. 사람을 키우지 않으면 아무리 좋은 정신도 한 세대에 머물게 된다. 따라서 지속가능한 기독경영을 위해서는 기업의 기독경영 정신을 이어갈 인재육성의 원리와 시스템을 갖출 필요가 있다. 예수님의 제자육성 원리는 장기간 삶의 현장에서 본을 보이면서 팀워크 가운데 가르치는 방식이었다.

다섯째, 예수님은 믿는 자들에게 모든 족속에게 예수님의 가르친 것을 전달하고 지키게 하라고 명령하신다. 즉 대위임의 지상명령을 주셨다. 하나님 나라의 원리가 이 땅에 이루어지게 하라는 명령이다. 기독경영자는 Business As Mission을 통해 이 명령에 순종할 수 있다. 비즈니스가 수단이 아니라 비즈니스 자체가 하나님 나라의 원리로 경영되어 예수님의 지상명령을 수행할 수 있을 것이다.

# 2

팔복과 리더십의 원리

"

- 심령이 가난한 자는 복이 있나니 천국이 그들의 것임이요

- 애통하는 자는 복이 있나니 그들이 위로를 받을 것임이요

- 온유한 자는 복이 있나니 그들이 땅을 기업으로 받을 것임이요

- 의에 주리고 목마른 자는 복이 있나니 그들이 배부를 것임이요

- 긍휼히 여기는 자는 복이 있나니 그들이 긍휼히 여김을 받을 것임이요

- 마음이 청결한 자는 복이 있나니 그들이 하나님을 볼 것임이요

- 화평케 하는 자는 복이 있나니 그들이 하나님의 아들이라 일컬음을 받을 것임이요

- 의를 위하여 박해를 받은 자는 복이 있나니 천국이 그들의 것임이니라

(마태복음 5:3~1)

"

## 1. 리더십과 하나님 나라 성품

### 1) 팔복과 하나님 나라의 관계

예수님은 이 땅에서 오셔서 하나님 나라를 선포했다. 마태복음은 예수님께서 선포하신 하나님 나라에 대해 기술하고 있다. 산상수훈을 통해 예수님께서 가르치시는 하나님 나라의 자세한 덕목을 살펴볼 수 있는데 이 산상수훈은 팔복으로 시작한다. 첫 번째 복은 다음과 같다. "심령이 가난한 자는 복이 있나니 천국이 그들의 것임이요" 다른 일곱 가지 복도 이와 비슷한 구조로 되어 있다. 팔복은 사람의 행동을 유발하는 내면적 동기에 대한 것이다. 율법주의가 외형적으로 나타나는 형식과 행동에 치중한 것과는 대조된다. 예수님은 하나님 나라를 선포하시면서 율법주의와 대비되는 하나님 나라 백성이 가져야 할 내적 자질을 먼저 이야기하셨다. 이것은 하나님 나라 백성이 가져야 할 성품으로 연결된다.

팔복은 조건형이 아니다. 어떠한 내면적 동기와 성품을 갖추면 복을 받게 될 것이라 하지 않는다. 이미 이러한 내면적 성품을 가진 복 있는 자들이라고 말한다. 왜냐하면 하나님과 관계를 맺은 사람들은 하나님 나라를 맛보고 열매를 맺는 은혜를 누릴 수 있기 때문이다. 시편 1편에서도 복 있는 사람은 여호와의 율법을 즐거워하여 그의 율법을 주야로 묵상하는 자라고 한다. 또한 시냇가의 심은 나무가 철을 따라 열매를 맺으며 그 잎사귀가 마르지 않는다고 한다. 이렇듯 성경에서는 하나님과의 관계가 맺어진 자의 복에 대해 기술하고 있다. 팔복의 성품은 하나님 나라 백성과 공동체의 성품으로서 하나님 나라 건설의 뿌리라고 볼 수 있다.

하나님 나라 백성이 이러한 성품으로 변화될 때 세상에서 빛, 소금, 등불 역할을 한다. 예수님의 가르친 하나님 나라는 종교적 형식주의와 외형 주의에 붙잡혀 있던 율법주의자들에게는 도전이었고 일반 백성들에게는 파격적인 참된 복음이었을 것이다.

### 2) 팔복의 하나님 나라 성품

산상수훈의 팔복은 여덟가지 성품에 대해 설명하고 있다.

첫째, 심령이 가난한 자는 복이 있나니 천국이 그들의 것이다. 박철수(2015)는 누가복음 6:20의 '가난한 자'와 마태복음의 '심령이 가난한 자'를 비교하면서 가난한 자는 두 가지 의미를 가지고 있다고 하였다. 마태복음의 '심령이 가난한 자'는 영적인 가난함을 누가복음의 '가난한 자'는 경제적 가난함을 말한다. 영적인 가난함 만을 강조하면 성경의 가난함을 지나치게 관념화 하게 되고, 경제적 가난함 만을 강조하면 물질주의에 빠지게 된다. 경제적 부자도 하나님 나라를 보려면 부함을 의지하기 보다는 가난한 심령을 가져야 한다. 경제적 부함을 얻었더라도 심령이 가난하지 않다면 하나님 나라를 볼 수 없는 가난한 자라고 할 수 있다. 성경에서 말하는 심령의 가난함은 겸손을 의미한다. 하나님 앞에서 자신이 죄인이고 불완전한 존재라는 것을 인정하고 낮아지는 것이다. 겸손의 모범은 예수님께서 빌립보서 2장을 통해 보여주신다. 겸손은 자기보다 남을 낮게 여기고 다른 사람의 일을 돌아보는 것이다.

둘째, 애통하는 자는 복이 있는데 위로를 받기 때문이다. 자신의 죄에 대해 슬퍼하고 토로하는 것이다. 하나님 앞에서 잘못된 말, 행동, 제도, 관행과 그 결과에 대해 있는 그대로 인정하고 통애하는 감정이다. 용서를 구하는 자세이다. 사실 사람이 잘못을 있는 그대로 인정하고 반성하며 감정적으로 슬퍼하는 것은 쉬운 일이 아니다. 마음이 낮아져 있을 때 가능한 일이다. 팔복에서 이러한 사람은 하나님의 위로를 받게 되므로 복 있는 사람이라고 하였다. 조직과 공동체에도 적용된다. 잘못이 있을 때 감추려고 하는 것이 아니라 있는 그대로 인정하고 안타깝게 여겨야 한다.

셋째, 온유한 자는 복이 있다. 땅을 유업으로 받기 때문이다. 온유라는 단어에서 우리는 일반적으로 낮아짐, 부드러움의 느낌을 받는다. 그런데 당시는 로마가 강력한 군사력을 바탕으로 여러 나라를 정복한 시대였다. 따라서 온유한 사람이 땅을 유업으로 받는다는 것이 금방 이해가 되지 않았을 것이다. 하지만 예수님은 온유한 성품을 가진 사람이 복을 받은 것이고 땅을 유업으로 받는다고 하셨다. 여기서 이야기하는 온유함은 단순한 부드러움과 나약함이 아니다. 하나님의 말씀을 따라 무엇이든지 하는 순종의 성품이다. 자기의 것을 주장하지 않고 하나님의 명령과 은혜를 기다리는 것이다. 이것은 자신의 삶을 '하나님의 통제'하에 두는 마음이라고 할 수 있는데, 자신에 대해 과장되게 표현하지 않고 종의 마음으로 다른 사람들을 섬기는 태도를 갖는 것이다. (TOW 프로젝트, 2017). 자기를 자랑하고 과장하며 땅을 정복하려고 하는 사람들이 대부분인 세상에서 온유한 마음을 가진 사람들은 주위를 유익하게 하고 하나님 나라의 은혜와 사랑이 깃들게 할 것이다.

넷째, 의에 주리고 목 마른 사람들은 복이 있나니 배가 부를 것이라고 하였다. 의는 옳음이다. 성경은 하나님과 인간의 올바른 관계를 의라고 설명한다(롬 1:16~17). 인간이 죄를 회개하고 하나님께서 십자가의 은혜로 의롭다 칭해주시지 않으면 하나님과 죄인인 인간의 관계는 올바르게 될 수 없다. 따라서 의에 주리고 목마른 성품은 하나님과 올바른 관계를 맺고 유지하려는 갈급한 마음이다. 심령이 가난하여 애통하지 않는 사람은 의에 대한 갈급한 마음을 가질 수 없다. 하나님께 순종하려는 마음이 없는 사람도 하나님과의 올바른 관계를 간절히 원할 수 없다. 의에 주리고 목마른 사람은 하나님 앞에서 죄를 회개하고 은혜와 믿음으로 올바른 관계를 형성하길 원한다. 의에 주리고 목마른 사람은 하나님과의 개인적인 관계뿐만 아니라 다른 사람들과 올바른 관계가 형성되길 소원한다. 그리고 공동체에 의로운 관계가 회복되는 것을 추구한다. 대천덕(2009) 신부는 기독교는 현재 상황에서 하나님 나라의 정의가 이루지기를 추구한다고 하였다. 그리고 사회정의가 하나님 나라의 의에 포함된다고 했다. 다른 사람과의 관계 속에서, 그리고 공동체 안에서 올바른 관계가 회복되기를 원하는 것이 의에 주리고 목마른 사람들의 성품이다.

다섯째, 긍휼히 여기는 자는 복이 있는데 긍휼히 여김을 받기 때문이라고 하였다. 앞선 네 가지의 복은 다섯 번째부터 나오는 복보다 내면적인 면이 강조된 것이다. 긍휼은 앞의 네 가지 성품 때문에 나타나는 것이다. 구약에 나오는 하나님의 은혜와 사랑은 '헤세드'이다. 즉 하나님의 조건 없는 사랑을 표현한 것이다. 예레미야 3:22~23에서는 "여호와의 자비와 긍휼이 무궁하시므로 우리가 진멸되지 않음이니이다" 라고 하였다. 하나님께서 사람을 긍휼히 여기지 않으신다면 인간의 구원과 회복은 없을 것이다. 구약에서 하나님의 사랑은 'unfailing love', 'favor' 등으로 표현되고 있다. 긍휼히 여긴다는 것은 거래 관계가 아니라 내가 하지 않아도 되는 행동인데 다른 사람에게 도움을 주는 것이다. 그리고 다른 사람이 실수와 잘못을 하였을 때도 이를 이해하고 용서해주는 성품이기도 하다. 성경은 하나님께 용서받은 죄인이 다른 사람의 죄를 용서하고 긍휼히 여기지 않는 것에 대해 책망하고 있다. 긍휼의 마음은 개인간의 관계에서만 아니라 조직에도 영향을 준다. 조직이 실수와 시행착오에 대해 긍휼히 여기는 마음이 없다면 매우 경직된 분위기가 형성될 것이다.

여섯째, 마음이 청결한 사람은 복이 있는데 하나님을 보기 때문이라고 하였다. 하나님 앞에서 마음이 청결하다고 말할 수 있는 사람이 있을까? "만일 우리가 우리 죄를 자백하면 저는 미쁘시고 의로우사 우리 죄를 사하시며 모든 불의에서 우리를 깨끗게 하실 것이요"(요일 1:9) 스스로 하나님 앞에서 청결하게 할 수 있는 사람은 없다. 오직 하나님의 은혜와 긍휼로 깨끗해질 뿐이다. 그래서 마음이 청결한 복은 긍휼의 복 다음에 온 것이라고 생각할 수 있다. 하나님의 도우심으로 청결함을 얻은 사람은 하나님 앞에서 자신을 과장, 왜곡, 숨기지 않고 있는 그대로 성실하게 나타내는 것이 필요하다. 하나님 앞에서 항상 솔직하고 성실해야 하는 것이다. 영어로는 'integrity'로 표현할 수 있을 것이다. 일관성 있게 자신의 생각과 의도를 있는 그대로 표현하는 것이다. 예수님은 이러한 성품을 가진 사람들이 하나님을 보게 될 것이라고 하였다.

일곱 번째, 화평케 하는 자는 복이 있다. 왜냐하면 하나님의 아들이라 일컬음을 받기 때문이다. 하나님의 자녀는 관계를 회복하게 하는 사람이다. 먼저 사람과 하나님과의 관계를 회복하게 한다. 심령이 가난하고 애통하는 자는 자신과 하나님의 관계를 회복하고, 화평케 하는 사람은 다른 사람과 하나님과의 관계를 회복시킨다. 단순히 전도라는 단어로 요약할 수 있는 것이 아니다. 고린도 후서에서 바울은 믿는 자의 역할을 냄새, 대사(ambassador), 편지로 표현하고 있다. 자신과 하나님의 관계가 회복되어 그 안에서 열매를 맺게 되면 다른 사람들이 이를 보게 된다. 성품과 행동의 열매가 맺히게 되는데 이러한 열매는 다른 사람이 하나님과의 관계를 회복하는 데 기여한다.

또한 화평케 하는 자는 사람과 사람의 관계를 회복시킨다. 사람 사이의 화평은 믿는 자들 사이의 화평과 믿지 않는 이들과의 화평을 모두 포함한다. 에베소서 4:3에서는 믿는 자들이 성령의 하나되게 하신 것을 힘써 지켜야 함을 강조한다. 예수님은 요한복음 17장에서 제자들이 하나되는 것을 위해 기도하신다. 마태복음 5:23~24에서도 예배 전에 형제와 화목해야 한다고 가르치신다. 심령이 가난하고 애통하며 진실된 자가 하나님을 만나 그 분의 위로를 받고 관계를 회복한다면 화평케 하는 삶을 살게 된다.

마지막으로 화평에는 하나님이 창조하신 자연과 다른 피조물 사이의 화평도 포함된다. 로마서 8:19~22은 하나님이 창조하신 모든 피조물들이 고통에서 벗어나 자유케 되기를 원한다고 하였다. 즉 화평케하는 자로서 하나님이 창조하신 피조물들의 관계도 회복시켜야 한다.

여덟째, 의를 위해 핍박 받는 사람은 복이 있다. 천국이 자신의 것이기 때문이다. 하나님 나라의 성품을 가진 사람은 의를 행하는 데 순종하게 되고, 이 땅에서 미움을 받고 고난을 당할 수 있다. 초대 교회의 제자들은 예수님을 증거하는 증인의 삶을 살았다. 그리고 로마의 핍박 속에 많은 이들이 순교했다. 하지만 기독교가 공인된 이후 외적 환경이 편안해지자 교회는 하나님 나라와는 먼 모습으로 타락했다. 따라서 여기서 핍박의 복은 믿는 사람들과 신앙 공동체가 의를 행하기 위해 순종할 때 핍박이 있을지라도 진정한 천국 곧 하나님 나라가 구현된다는 의미를 담고 있다.

팔복의 첫 번째부터 네 번째는 내적 성품에 관한 것이고, 이 내적 성품이 외적으로 표현된 것이 다섯 번째부터 여덟 번째 성품이라고 볼 수 있다.

## 2. 팔복과 경영원리

기독경영자는 팔복에서 하나님의 겸손과 순종의 성품을 배울 수 있다. 심령의 가난함, 애통, 온유, 의에 주리고 목마름은 내재적 성품이고 긍휼, 마음이 청결함, 화평케 함, 의를 위해 핍박 받는 것은 겉으로 표현된 성품이다. 내재적 성품은 하나님 앞에서 자신을 돌아보고 성찰하는 겸손으로 볼 수 있고 표현된 성품은 하나님 나라에서 살아가는 백성의 순종으로 생각할 수 있다.

이러한 성품을 기독경영자와 기업에 적용한다면 리더십과 조직 문화와 연결될 수 있을 것이다. 리더십은 다른 사람들에게 미치는 영향력이라고 할 수 있는데 팔복의 성품을 가진 기독경영자는 경영 활동을 하는 과정에서 종업원, 고객, 동업자 등의 이해 관계자들에게 선한 영향을 미칠 것이다. 이러한 리더십은 기업문화 형성과도 연결된다. 경영학의 조직 이론에서는 경영자의 리더십이 기업문화에 영향을 미친다고 하였다. 창업주나 경영자의 비전, 가치, 행동양식이 기업 전체의 사업 방식과 철학에 영향을 주기 때문이다.

## 1) 경영학의 리더십 이론

경영학의 리더십 이론은 특성이론, 행동이론, 상황이론으로 구성된 거래적 리더십 이론에서 출발하여 변혁적 리더십으로 발전하였다. 이후 서번트 리더십, 감성 리더십, 셀프 리더십, 슈퍼 리더십 등 다양한 리더십 이론이 등장하였다.

특성이론은 리더가 가지고 있는 선천적 특성이 중요하다는 관점이다. 성격, 신체 조건 등이 이에 해당한다. 리더십은 선천적으로 타고 난다는 것이다.

행동이론은 리더십은 외부에서 제공된 훈련을 통해 키워진다는 관점이다. 즉 훈련된 리더의 행동이 영향을 준다는 것이다.

상황이론은 구성원과 조직의 상황에 적합한 리더십이 필요하다는 관점이다. 예를 들어 외부 지향적이고 통제가 강한 합리적 문화에서는 지시적 리더, 내부 지향적이고 통제가 강한 위계적 문화에서는 신중한 리더, 내부지향적이고 유연성이 있는 집단에서는 지원적 리더, 외부지향적이고 유연성이 강한 개발 문화에서는 창의적이고 혁신적 리더가 필요하다는 것이다. 즉 한 조직 안에 다양한 문화들이 존재할 수 있기 때문에 각 상황에 맞는 리더십이 필요하다는 주장이다.

이러한 거래적 리더십 이론들은 조직의 목표를 달성하기 위해 리더와 구성원의 이해관계가 서로 맞을 때 리더십이 발휘된다고 본다. 기업의 경우에 물질적, 사회적 보상을 통해 리더십을 발휘하게 된다.

거래적 리더십의 한계를 고려하여 나타난 리더십 이론이 변혁적 리더십이다. 변혁적 리더십은 거래적 리더십처럼 서로 이해가 맞아 맺는 계약 관계가 아니라, 리더가 구성원들의 자발적 참여와 태도 변화를 일으키도록 동기부여를 하는 리더십이다.

변혁적 리더십의 요소에는 카리스마, 동기부여, 지적 자극, 개인적 배려가 있다. 카리스마는 리더의 특출한 능력, 비전, 행동을 통해 구성원들이 영향을 받도록 하는 것이다. 리더가 의미 있는 비전과 가치를 제시하고 자신이 이를 소통하고 수행하면서 나타나는 리더십이다. 리더가 자신이 가지고 있는 비전과 가치를 공유하고 소통함으로써 구성원들이 동기부여 되어 자발적이고 창의적으로 참여하게 된다. 구성원들은 개인적 이해관계를 넘어 자신이 성취하고자 하는 가치 때문에 행동한다. 리더는 구성원들에게 도전적이고 의미있는 목표, 가치, 비전을 제시하면서 이에 도달하기 위한 자원들을 지원하는 역할도 한다. 이 과정에서 구성원 개개인의 상황을 고려하는 배려를 한다. 구성원들이 내면에서부터 자발적으로 창의적이고 적극적으로 행동하도록 하는 리더십이다.

이러한 거래적 리더십과 변혁적 리더십과 더불어 서번트 리더십, 감성 리더십, 셀프 리더십, 슈퍼 리더십과 같은 다양한 리더십 유형이 제시되었다.

기업에서 서번트 리더십은 말 그대로 종의 마음을 가지고 구성원, 고객, 동업자, 사회 공동체에 봉사하고 헌신하는 리더십을 말한다. 공감, 경청, 타인의 발전, 공동체 의식, 치유, 봉사와 헌신 등이 서번트 리더십에서 나타나는 특징으로 타인에 대한 존중과 자신의 위치와 힘이 다른 사람들로부터 온 것이다라는 의식을 가진 리더십이다.

감성 리더십은 자신의 감정을 이해하고 조절할 뿐만 아니라, 타인의 감정을 분별하고 공감하여 이를 바탕으로 생각하고 행동하는 리더십이다. 요약하면 감성지능을 바탕으로 한 리더십이다. 구성원의 감정과 상황을 살피고 이해하며 공감하기 때문에 구성원의 몰입과 유대감에 긍정적 영향을 준다. 골먼(Goleman et al, 2002)은 감성 지능의 차원을 자아인식, 자기통제와 관리, 사회적 인식, 관계관리로 보았는데, 이는 감성 리더십의 핵심 요소이다. 자아인식은 자신의 감정을 이해하여 처리하는 능력이고, 자기 통제와 관리는 자신의 감정이 다른 사람에게 미치는 영향을 이해하는 능력이다. 사회적 인식은 다른 사람의 감정을 이해하고 공감하는 것이다. 관계 관리는 자신과 다른 사람의 감정을 이해하는 것을 바탕으로 원만한 관계를 형성해 나가는 것이다.

셀프 리더십은 자기 스스로 일을 위한 방향을 정하고 동기부여하는 리더십이다. 환경이 급격하게 변하면서 구성원 스스로 자신을 성찰하고 통제하는 것이 필요해졌다. 셀프 리더십은 자기 훈련과 관리의 연장선으로도 볼 수 있다. 셀프 리더십에는 행동전략과 인지전략이 있다. 행동전략은 자기 자신을 파악하여 스스로 목표를 정하고 이를 성취하기 위해 자신을 훈련하고 수정해 나가는 것이다. 인식전략은 외부의 보상 때문이 아니라 스스로 만족하고 즐거워하는 내재적 보상을 통해 일을 해 나가는 것이다.

이와 관련하여 구성원이 스스로를 통제하여 능력을 갖춰 행동하도록 하는 리더십을 슈퍼 리더십이라고 한다. 즉 슈퍼 리더십은 각 구성원이 셀프 리더십을 발휘할 수 있도록 지원하는 리더십인 것이다. 리더가 구성원과 상호작용하면서 직접적으로 영향을 주기 보다는 구성원 스스로가 자신의 목표, 가치, 비전을 발견하고 노력하여 성과를 내도록 조력하는 리더십이다. 인간의 창조적인 자발성에 의존한 것이다.

## 2) 팔복의 리더십

복음서에 나타난 예수님의 리더십을 변혁적 리더십과 서번트 리더십으로 보는 관점들이 있다. 그런데 마태복음 속 팔복의 성품은 보다 다양한 리더십 유형과 연결될 수 있다. 한 가지 유형의 리더십으로만 설명할 수 있는 것이 아니라, 다양한 리더십으로 해석이 가능하다.

그리고 기독경영 리더십이 일반적인 경영 리더십과 가장 구별되는 것은 기독경영자가 리더십을 발휘하는 리더이긴 하지만, 궁극적 리더는 본인이 아닌 하나님이라는 것이다. 마태복음에 나오는 팔복의 성품을 리더십 관점에서 접근할 때 이러한 사실을 기본으로 삼을 필요가 있다.

심령의 가난함은 하나님 앞에서 자신을 성찰하고 자신의 부족함을 겸손하게 인정하는 것이다. 성공했다고 평가 받는 상황에서도 항상 자신을 하나님 앞에서 돌아보고 부족한 부분을 생각해야 한다. 그리고 애통하는 마음에는 자신의 잘못과 실수를 슬퍼하고 인정하면서 용서를 구하는 감정이 포함되어 있다. 기독경영자 개인뿐 아니라 기업이 경영활동 과정에서 일으킨 실수와 잘못에 대해서도 감정적으로 통회하고 신속하게 돌이키려는 마음을 지녀야 한다. 이와 같은 심령의 가난함과 애통함은 셀프 리더십의 행동전략 및 감성 리더십과 관련되어 있다고 볼 수 있다.

셀프 리더십의 행동전략은 스스로 자신을 성찰하고 평가하여 목표를 설정하여 행동하는 것이다. 물론 기독경영자는 스스로 설정하기 전에 먼저 하나님 앞에서 자신을 성찰한다. 셀프 리더십에서 셀프를 '하나님 앞에서'라고 보면 될 것이다. 감성 리더십은 감성지능을 기초로 한 리더십이다. 자신의 잘못을 인정하고 슬퍼하는 애통함은 감성 지능과 연결되어 있다. 따라서 자신의 감정을 이해하고 통제하는 감성 리더십의 자아인식과도 깊은 관련이 있다.

온유한 마음은 단순히 부드러움과 나약함을 의미하는 것이 아니라 하나님이 진정으로 원하시는 것에 순종하려는 자세이다. 종의 마음을 갖는 것이다. 이러한 마음은 자신을 하나님 앞에서 과장하지도 축소하지도 않고 있는 그대로 보는 것에서 생긴다. 이러한 성품은 기본적으로 서번트 리더십의 봉사, 헌신과 관련이 있다. 그리고 다른 사람이 스스로 설 수 있도록 지원하는 슈퍼 리더십과 연관된다. 또한 온유한 마음은 자신을 하나님 앞에서 평가하고 통제하는 마음에서 오기 때문에 셀프 리더십의 행동전략도 관계되어 있다.

의에 주리고 목마른 성품은 하나님의 은혜로 의롭다 칭함을 받는 것뿐만 아니라 타인과의 관계와 공동체 안에서 정의를 세우려는 마음이다. 잘못된 관계, 관행, 제도, 시스템을 올바르게 바꾸려는 마음이다. 이러한 마음은 공동체의 구성원을 위하고 그들과 올바른 관계를 형성하려는 것이다. 구성원들에게 올바른 가치를 제시하여 동기부여하는 리더십이 여기에 해당될 것이다. 기독경영자에게 공동체는 기업과 기업이 활동하고 있는 사회를 의미한다. 그리고 의에 주리고 목마른 사람은 배부를 것이라고 하였는데 이는 외부적 보상이 아니라 하나님 앞에서 좋고 올바른 것을 추구하면서 누리는 내적 기쁨을 말한다. 따라서 의에 주리고 목마른 성품은 서번트 리더십의 봉사와 헌신, 카리스마 리더십의 비전과 가치 제시에 의한 동기부여, 셀프 리더십의 내적 즐거움인 인지전략과 모두 관련이 있다.

긍휼히 여기는 사람은 긍휼을 받을 것이라고 하였다. 이 마음은 다른 사람의 감정과 상황을 이해하고 관계를 만들어 가는 것이다. 따라서 감성 리더십의 사회인식, 관계 관리와 연결될 수 있을 것이다. 다른 사람의 감정을 이해하고 이를 바탕으로 관계를 형성하고 발전시켜 나가는 리더십이다.

그리고 마음이 청결한 사람은 하나님을 볼 것이라고 하였다. 마음의 청결함은 스스로 성취하는 것이 아니고 하나님 앞에서 계속적이고 일관성 있게 자신을 평가하여 보여드리는 높은 수준의 성실함을 보일 때 가능하다. 따라서 이러한 성품은 리더의 완벽함이 아니라 지속적으로 변화하고 향상되는 카리스마를 보이는 변혁적 리더십과 관련이 있을 것이다. 또한 자신의 감정을 성찰하고 관리하는 감성 리더십의 자아인식과 자기 관리로도 설명할수 있다.

화평케 하는 자는 기독경영을 하는 과정에서 발생하는 내외부적 갈등을 해소해 나가는 역할을 하는 리더십이다. 이러한 리더십은 감성 리더십의 관계 관리에 해당될 것이다.

의를 위해 핍박 받는 리더십은 의로움을 해치는 사람, 제도, 시스템을 개선해 나가는 과정에서 고난과 어려움을 겪는다. 구성원들은 의를 위해 고난 받고 솔선수범하는 기독경영자의 리더십에 대해 높이 평가하고 경의를 표할 것이다. 이러한 리더십은 변혁적 리더십의 카리스마와 관련이 있다. 그리고 봉사와 헌신의 서번트 리더십을 가진 기독경영자가 의를 위해 고난을 감내할 수있을 것이다.

이와 같이 리더십에 관한 다양한 이론들이 있는데, 예수님의 리더십을 변혁적 리더십과 서번트리더십으로 보는 관점도 있다.

이상과 같이 마태복음의 팔복을 기독경영자의 성품과 이와 관련된 리더십 관점에서 설명하고 이해해 보았다. 이를 팔복의 리더십이라고 부를 수 있을 것이다. 팔복의 성품과 리더십은 하나의 이론이나 관점으로는 이해하기 힘들다. 이 기독경영자를 위한 팔복의 리더십은 기존 리더십 이론을 기초로 기독경영 관점에서 새롭게 이해할 수 있을 것이다.

성경 속 팔복에 나타난 리더십의 성품과 원리는 기존 경영 이론과 다른 점이 있다. 경영 이론의 리더십은 리더십을 통해 사람들을 동기부여하여 성과를 내는 데 초점을 맞추고 있다. 그래서 경영학에서는 인적자원 관리라는 표현을 사용한다. 사람도 자원으로 보는 것이다. 하지만 팔복의 리더십은 팔복 속 여덟 가지 성품을 가진 사람은 이미 복을 받은 것이라고 한다. 그 자체가 복인 것이다. 여덟 가지 리더십의 성품을 가지고 팔복의 원리를 실천하는 경영자는 하나님 나라에서 이미 복을 받은 경영자라는 것이다. 그리고 시편 1편을 살펴 보면 이러한 성품과 리더십은 하나님과의 깊은 교제를 통해 갖춰질 수 있다.

| 팔복과 리더십 이론 | |
|---|---|
| 팔복의 성품 | 리더십 이론과 요소 |
| 심령이 가난한 자는 천국 소유 | 셀프 리더십(행동전략)<br>감성 리더십(자아 인식) |
| 애통한 자는 위로를 받음 | 셀프 리더십(행동전략)<br>감성 리더십(자아인식, 자기 관리) |
| 온유한 자는 땅을 기업으로 받음 | 셀프 리더십(행동전략)<br>서번트 리더십(봉사와 헌신)<br>수퍼 리더십 |
| 의에 주리고 목마른 자는 배부름 | 서번트 리더십(봉사와 헌신)<br>변혁적 리더십(동기부여)<br>셀프 리더십(인지전략) |
| 긍휼히 여기는 자는 긍휼히 여김 받음 | 감성 리더십(사회 인식, 관계관리) |
| 마음이 청결한 자는 하나님을 봄 | 변혁적 리더십(카리스마)<br>감성 리더십(자아인식, 자기관리) |
| 화평케 하는 자는 하나님의 아들이라 불림 | 감성 리더십(관계관리) |
| 의를 위하여 핍박 받는 자는 천국 소유 | 변혁적 리더십(카리스마)<br>서번트 리더십(봉사와 헌신) |

## 3. 기업 사례

### 1) H기업의 겸손히 배우고 실천하는 셀프 및 감성 리더십

H기업은 한국의 기계산업의 한 분야를 개척한 중견기업이다. 60년이 넘는 역사를 가지고 있으며 대를 이어 한 영역에서 전문기업으로 성장해 왔다. '사람에게 덕을 끼치는 경영을 하라'는 창업주의 뜻을 이어받아 경영하고 있다. 이 기업은 부채가 거의 없는 기업으로 알려져 있다. 그리고 나름대로 좋은 경영성과를 내고 있음에도 계속 혁신을 추구했다. 이 기업의 혁신과 변화 배경에는 경영자 스스로의 성찰과 배움의 자세가 있다. 10년 넘게 '전략경영 세미나'라는 모임을 통해 경영자가 내부 자문인력과 함께 외부 전문가를 초빙하여 매달 경영 세미나를 진행했다. 이 세미나에서는 경영 기법만이 아닌 다양한 주제가 다뤄졌다. 이를 통해 경영자 스스로가 기업을 평가하고 성찰하여 현재의 성공에 안주하지 않는 자세를 유지했다. 그리고 배운 것을 경영현장에 적용하였다. IT 혁신을 통해 품질을 향상시키고 대기업과의 경쟁 가운데서도 꾸준히 자기 자리를 지켰다. 경영자가 겸손하게 자기를 성찰하고 배우는 자세를 갖는 것은 중요한 리더십 성품이고 이것이 기업 경쟁력의 근간이 될 수 있다는 것을 보여주는 사례이다.

## 2) 유한양행 유일한 박사의 감성 리더십, 변혁적 리더십, 서번트 리더십

　유일한 박사는 한국에서 윤리 경영으로 잘 알려진 경영자이다. 일제시대에 미국 선교사의 도움으로 미국으로 건너가 미시건 주립대를 다녔다. 졸업 후 식품 사업을 하여 큰 성공을 거뒀다. 유일한 박사는 일제시대에 병으로 고생하는 조국의 국민들에 대한 긍휼한 마음을 가지고 한국으로 귀국하여 제약회사를 창업했다. 당시 마약류를 판매하는 회사들도 있었지만 유한양행은 국민 보건을 증진시키기 위한 제약회사 본연의 기업 활동에만 집중했다.

　유일한 박사는 일제 말기에 한반도에 침투할 미국 비밀 특수부대의 한국인 부대원으로 훈련 받기도 했다. 실제 작전은 시행되지 않았지만 유일한 박사 사후에 이 사실이 알려졌다.

　유한양행은 불법 정치자금을 내는 관행에 참여하지 않았는데 자유당 정권 때에는 유한양행이 정경유착에 의한 불법 정치자금을 제공하지 않자 세무조사를 받기도 했다. 정경유착이 있었던 한국 상황에서 유한양행은 정치권과의 관계를 통해 기업을 성장시키려고 하지 않았고 일정한 거리를 두었다.

　유일한 박사는 기업의 부를 사회에 환원하는 방법으로 종업원들에게 사주를 나눠주고 기업 공개를 했다. 공모가도 일반 국민들과 기업의 이윤을 나눌 수 있도록 과도한 가격을 책정하지 않았다. 그리고 유일한 박사는 모든 지분을 사회 재단에 기부하여 환원하였다. 자손들에게 남긴 재산은 손녀의 학비를 위한 것이 전부였다. 아들이 회사 경영에 참여하기도 하였으나 미국에서 성장한

아들의 가치관과 회사 문화가 맞지 않아 갈등이 일어나자 회사 경영권을 전문 경영인에게 맡겼다. 그 당시 이러한 결정은 파격적인 것이었다.

유일한 박사는 기업은 개인이 아니라 사회의 것이라는 사회적 책임 의식을 가지고 있었다. 이러한 유일한 박사의 기업 경영 정신과 리더십은 경영학회에서 재조명 되고 있다. 유일한 박사의 성품과 리더십에는 의에 주리고 목마름, 긍휼, 마음의 청결함, 화평케 함, 의를 위하여 박해 받음이 나타나 있다. 국민의 건강을 염려하여 제약회사를 설립한 긍휼, 부당한 방법으로 회사를 성장시키지 않고 있는 그대로 투명하게 유지한 마음의 청결, 외부의 압력 가운데서 기업 경영의 정도를 지킨 의에 주리고 목마른 마음, 외부 박해의 감내, 전문 경영인 체제와 원만한 노사관계를 통한 화평이 유한양행과 유일한 박사의 경영에서 발견할 수 있는 팔복의 리더십이다.

### 3) 리디아 알앤씨의 긍휼, 청결, 의로움의 감성 리더십과 변혁적 리더십

리디아알앤씨는 베개, 유기농 유아복을 판매하는 중소기업이다. 이 회사를 창업한 임미숙 대표는 중국어학과를 졸업하고 무역 중개상으로 일하다 리디아 무역을 창업하였다. 사업을 무탈하게 이어가던 임미숙 대표는 큰 아들을 백혈병으로 잃는 감당하기 힘든 고난을 겪게 되었다. 깊은 슬픔과 상실감으로 임 대표는 한동안 은둔하게 된다. 하지만 예전에 알던 독일 바이어에게 도움을 청해 다시 일어서게 된다. 독일 바이어도 딸이 백혈병을 앓은 경험이 있었기 때문에 임 대표를 위로하며 사업을 재개하도록 지원하였다. 그래서 리디아알앤씨를 창업하고 다시 일어설 수 있었다.

이렇게 다시 시작한 임미숙 대표는 사업을 통해 사람들에게 도움을 주는 경영을 하였다. 성경이 '고아와 과부'에게 긍휼을 베풀라고 한 것을 마음에 새겼다. 이 시대에는 취업을 못한 청년들과 경력이 단절된 여성들이 고아와 과부라고 생각하여 이들에게 취업의 기회를 주고 가정과 직장의 균형을 맞출 수 있도록 회사 경영을 한다.

기업에서 종교적 활동을 하지 않았지만 직원들의 발전을 위해 사내 미니 MBA 등 다양한 교육 훈련 프로그램을 제공했다. 작은 기업이 직원들을 위해 이러한 프로그램을 제공하는 것은 쉽지 않은 일이다. 파티와 점심식탁 문화, 탄력 근무제, 우수사원 해외견학 지원과 같은 제도 등을 운영했고, 수평적 문화를 통해 직원들과 소통하고 사장이 직접 물류센터에서 포장작업을 하기도 했다.

이러한 리디아알앤씨의 리더십에서 팔복의 리더십을 볼 수 있다. 창업주의 삶과 신앙에서 경험한 심령의 가난함, 고난을 통해 체험한 애통함과 온유한 마음, 타인으로부터 긍휼히 여김을 받고 고아와 과부를 긍휼히 여기는 마음, 회사와 경영자를 부풀리지 않고 외부와 내부에 있는 그대로 보여주고 평가받는 청결한 마음은 리디아알앤씨에서 볼 수 있는 팔복 리더십의 성품이다.

## 4) 디랩의 화평한 관계를 추구하고 새로운 경제공동체를 추구하는 감성적 변혁적 리더십

디랩은 국내 대기업 전자회사에서 다니던 엔지니어가 창업한 코딩 교육 기업이다. 노동이 사랑의 실천이 되게 하고, 작고 건강한 기업들이 많이 생겨 모두가 유익하게 되는 경제 공동체를 꿈꾸며 시작하였다. 또한 경제와 신앙을 일치시키는 경제 공동체를 구현해 보는 것이 비전이었다.

디랩의 이러한 공동체에 대한 비전은 프랜차이즈 수익구조에 반영되어 있다. 분원을 내고자 하는 사람이 있으면 투자금을 받고 본사 지분을 준다. 그리고 그 투자금을 그대로 프랜차이즈 분원에 투자하고, 투자자들이 운영자로 참여한다. 로열티를 받고 나머지 수익은 본사에서는 주는 급여 인센티브 형태로 운영자에게 지급된다. 본사가 운영하는 프랜차이즈 직영점이 되는 것이다. 그리고 투자자는 운영자이면서 노동을 통한 수익과 자본 수익을 얻을 수 있는 구조이다. 프랜차이즈 지점의 매출이 모두 본사 매출이 되므로 본사 입장에서도 투자 유치 등 본사의 성과를 높이는 데 도움이 된다. 모두에게 이익이 되는 경제 공동체를 만들려는 노력의 결과이다.

이러한 디랩 창업주의 리더십은 경제 분야의 화평을 추구하고 긍휼을 실천한 감성 리더십이고, 새로운 경제 공동체라는 비전을 제시한 변혁적 리더십이라고 할 수 있다.

## 4. 결론 및 시사점

경영학의 리더십 이론은 특성이론, 행동이론, 상황이론과 같은 거래적 리더십에서 변혁적 리더십으로 발전했다. 그리고 서번트 리더십, 슈퍼 리더십, 감성 리더십, 셀프 리더십 등 다양한 리더십 이론이 제시되었다. 예수님의 공생애도 리더십 관점에서 변혁적 리더십과 서번트 리더십으로 이해하려는 관점도 제시되었다.

기독경영에서는 성경적 관점의 성품과 리더십에 대한 설명이 필요할 것이다. 팔복의 가르침은 기독경영자에게 필요한 성품과 리더십에 대한 시사점을 제시해 주고 있다. 복잡하고 급변하는 기업 환경 가운데서도 기독경영자가 예수님께서 팔복을 통해 보여주신 성품과 리더십을 배워 자신의 리더십으로 체화한다면 비즈니스를 통해 세상의 빛과 소금이 될 수 있을 것이다.

# ⬕ 실천지침

1. 기독경영자의 리더십은 하나님의 리더십을 따르는 데서 출발한다. 하나님께 나아가는 각자의 실천사항을 적어보자.

2. 기독경영자의 리더십은 기술과 방법이 아니라 예수님이 가르쳐 주신 팔복의 성품에서 나온다. 자신에게 먼저 적용해야 할 성품과 리더십 스타일을 적고 첫 번째 실천사항을 적어보자.

3. 팔복의 성품과 리더십을 따르는 기독경영자는 외형적 성과와 관계없이 이미 복을 받은 것이다. 어떤 복인지 적고 생각해보자.

4. 내 주변에 팔복의 성품과 리더십을 실천할 대상과 상황을 생각해보고 적용해 본다.

5. 팔복의 성품과 리더십에 비추어 내가 이미 실천하고 경험한 것을 적어보자.

# ⬕ 토의주제

1. 기독경영자의 리더십을 위해 팔복의 성품이 왜 중요한지 생각해보자.

2. 기독경영자로서 팔복의 내면적 성품 네 가지에 대해 자신을 비춰보고 생각해보자.

3. 기독경영자로서 팔복의 외면적 성품 네 가지에 대해 자신을 비춰보고 생각해보자.

4. 팔복의 성품과 리더십을 키우기 위해 무엇을 할 수 있을지 생각해보자.

5. 팔복의 성품과 리더십과 관련된 사례들을 찾아보고 나눠보자.

# 3

헤세드 — 사회적 책임의 원리

" 

- 저물매 포도원 주인이 청지기에게 이르되 품꾼들을 불러 나중 온 자로
부터 시작하여 먼저 온 자까지 삯을 주라 하니 제십일시에 온 자들이
와서 한 데나리온 씩을 받거늘 먼저 온 자들이 와서 더 받을 줄 알았더
니 그들도 한 데나리온씩 받은지라 받은 후 집주인을 원망하여 이르되
나중 온 이 사람들은 한 시간밖에 일하지 아니하였거늘 그들을 종일 수
고하며 더위를 견딘 우리와 같게 하였나이다 주인이 그 중의 한 사람에
게 대답하여 이르되 친구여 내가 네게 잘못한 것이 없노라 네가 나와
한 데나리온의 약속을 하지 아니하였느냐 네 것이나 가지고 가라 나중
온 이 사람에게 너와 같이 주는 것이 내 뜻이니라 내 것을 가지고 내
뜻대로 할 것이 아니냐 내가 선하므로 네가 악하게 보느냐 이와 같이
나중 된 자로서 먼저 되고 먼저 된 자로서 나중 되리라

(마태복음 20:8~16)

- 임금이 대답하여 이르시되 내가 진실로 너희에게 이르노니 너희가 여기
내 형제 중에 지극히 작은 자 하나에게 한 것이 곧 내게 한 것이니라
하시고

(마태복음 25:40)

"

## 1. 성경의 원리

본문을 해석함에 있어서 두 가지의 접근이 있을 수 있다. 첫째는 성경이 쓰여진 시대적 정황 속에서 그 당시 독자들에게 말하려고 했던 영적인 하나님 나라의 본질에 대한 접근이고, 둘째는 본문이 의미하는 바를 현대 사회에 적용하여 사회정의의 실현 방법에 대한 고찰을 시도하는 접근이다.

먼저 영적인 접근으로써 포도원 주인은 하나님, 처음부터 고용된 일꾼은 이스라엘, 노동 시간이 한 시간밖에 남지 않았을 때 고용된 일꾼은 이방인을 의미한다. 노동이 끝나고 하루 종일 일한 일꾼이나 한 시간 일한 일꾼이나 모두 똑같이 한 데나리온의 품삯을 받았을 때 종일 일한 일꾼들의 불평은 정상적이라고 할 수 있다. 그들의 생각은 앞서 19장 27절에 묘사된 베드로의 질문과 사상을 보면 알 수 있다.

"이에 베드로가 대답하여 이르되 보소서 우리가 모든 것을 버리고 주를 따랐사온대 그런즉 우리가 무엇을 얻으리이까?"(마 19:27)

이 말씀에 대한 예수님의 대답은 "먼저 된 자로서 나중 되고 나중 된 자로서 먼저 될 자가 많으니라"(마19:30)이었다.

종일 일한 것과 한 시간 일한 것, 모든 것을 버린 것과 조금 버린 것, 즉 헌신의 정도의 차이에 따라 하나님나라의 상급이 주어지는 것이 아니다. 한 시간만 일한 사람들에게도 동일하게 한 데나리온이 지급된 것은 제자들의 바로 이러한 생각과 태도를 깨우치기 위한 것이라고 할 수 있다.[8] 하나님나라는 우리의 헌신에 대한 보상이 아니다. 그것은 순수하게 하나님의 은혜와 긍휼(헤세드)로 주어지는 것이다.

두 번째로 우리가 시도하는 접근은 예수님의 천국에 대한 이 말씀을 현대 사회문화 속에서 사회정의와 관련하여 고찰해 보는 것이다. 왜냐하면 우리가 이렇게 고백하고 있기 때문이다.

"뜻이 하늘에서 이루어진 것 같이 땅에서도 이루어지이다" (마 6:10)

하나님나라의 원리가 그렇다면 우리는 이 땅에서, 우리가 살고 있는 이 사회에서 하나님나라의 정의가 실현되도록 힘써야 할 것이기 때문이다.

본문에서는 하나님나라의 통치자인 예수님이 포도원 주인으로 묘사되고 있으며, 그의 분배방식은 세상의 분배방식을 초월한다. 포도원이 기업이라고 한다면 특수한 목적의 이익집단인 게젤샤프트(Gesellschaft)라고 할 수 있는데, 분배방식은 공동체 성격의 게마인샤프트(Gemeinschaft) 방식을 취하고 있는 것이다. 그렇다면 이것은 정의를 침해한 것인가?

품꾼들이 주인의 분배방식에 이의를 제기하고 불평을 쏟아내는 것은 주인은 품꾼들을 가족처럼 공동체의 일원으로 생각하며 대하고 있는 데 반해 품꾼들은 서로를 가족이 아닌 이익집단의 협조자/경쟁자로 보고 있기 때문이다. 하나님 나라를 상징하는 포도원(기업)은 아버지와 아들, 그리고 성령이 함께 하는 백성들의 가족공동체이다. 이 나라에서는 작은 자(어린 자), 장애인, 소외된 자가 가장 사랑 받고 우대 받는다. 이렇게 공동체의 개념을 고려할 때 사랑은 정의를 침해하지 않으며 오히려 온전히 정의를 구현하게 된다.

나중에 고용된 일꾼들은 수고의 시간으로만 따진다면 종일토록 놀고 있었던 사람들이다.

그러나 이들은 행여나 일자리가 생길까 하루 종일 학수고대하며 애타는 마음으로 기다리던 사람들이었다. 그들은 저마다 핸디캡이 있어 노동시장에서 가장 원치 않는 자, 즉 소외된 사람들이었다. 하나님 나라는 이와 같이 연약한 사람들을 더 큰 사랑으로 품고 대우하는 나라이다. 그들을 차별하지 않는 것에서 더 나아가 배려해주는 것이다. 이것을 우리는 긍휼(헤세드)의 원리라고 부른다. 헤세드라는 단어는 창세기와 룻기에서 언급되고 있는데 헤세드의 본질은 인간의 우수함과 장점이 아니라 받을 자격이 없는 자에게 용서와 회복을 가져다 주시는 하나님의 성실하심이다. 이것은 일반적인 기업의 사회공헌이나 사회가치경영의 차원을 훨씬 넘어서는 것이다.

신학자 자켄펠드는 긍휼(헤세드)의 세 가지 기준을 제시하고 있다. 첫째, 헤세드는 수혜자의 생존과 결부된 문제와 관계되어 있다. 둘째, 헤세드를 베푸는 사람은 유일하게 그 일을 할 수 있는 위치의 사람이다. 셋째, 쌍방 간에 확립되어 온 관계를 전제로 하여 헤세드가 존재한다. 클락에 따르면 헤세드는 하나님의 본질이고 성품이다. 또한 로슨 영거는 여기에서 더 나아가 하나님께서 헤세드를 행하심으로 나타나는 배려, 헌신, 솔선함, 응답과 같은 태도들은 책임 있는 인간행동을 정의하는 것이 되었다고 한다. 다른 말로 하자면 하나님의 헤세드를 통해 인간 공동체 안에서도 헤세드가 행동규범으로 세워지고 지켜져야 한다는 것이다. 그 결과 하나님의 헤세드를 인간 공동체 안에서 경험하게 되는 것이다.[9] 즉 하나님 나라를 이 땅에서 경험하는 것이다.

## 2. 경영원리

지금은 기업의 사회적 책임(Corporate Social Responsibility)이 글로벌 스탠다드인 시대이다. 일찍이 1971년에 밀튼 프리드만이 뉴욕타임스에 "기업의 유일한 사회적 책임은 이윤을 내는 것이다"라는 사설을 기고한 이래로 사회적 책임에 대한 많은 논쟁이 있어 왔다. 그러나 기업이 생산과 판매활동을 하는 동안 일어난 환경파괴와 사회적 해악을 볼 때 이제는 더 이상 그 책임을 외면할 수 없게 되었다. 1990년 캐롤(Carrol) 박사는 기업의 사회적 책임의 4단계 발전 이론을 정립하였다. 첫째는 경제적 책임 단계, 둘째는 법적 책임 단계, 셋째는 윤리적 책임 단계, 넷째는 자선적 책임 단계이다. 이제는 많은 기업들이 기업활동과 연계하여 사회적 책임을 수행하고 있으며 기업활동과 연계된 핵심역량을 통해 전략적 사회책임(전략적 CSR)을 발전시키고 있다. 더 나아가 사업 전략을 수립할 때부터 사회적 가치를 고려하여 사업을 전개함으로써 경제적 가치와 함께 사회적 가치를 창출하는 공유가치창출경영(CSV : Creating Shared Value)에 관심을 갖고 있다. 최근에는 ESG (환경, 사회, 지배구조) 투자라고 하여 환경보호와 사회적 책임을 다하지 않는 기업들은 증권시장에서 기관투자가들의 블랙리스트에 오르게 된다. 블랙리스트에 오른 기업들은 투자를 받기 어렵게 되어 지속가능성이 불투명해 진다. 이것은 블랙록(Black Rock) 등 세계 최고의 투자기관들에 의해 주도되고 있어서 이제 사회적 책임은 비즈니스 사회에서 필수적인 라이센스가 되고 있다.

기독경영은 여기서 한걸음 더 나아가 하나님의 은혜와 긍휼을 바탕으로 자선적 책임경영(Corporate Philanthropy)을 추구한다. '헤세드'는 히브리어로 긍휼과 은혜를 나타낸다. 창세기에서 소돔과 고모라를 심판했을 때 천사가 롯에게 보여준 호의를 '헤세드'라고 하였다. 즉 헤세드는 어떤 보상을 바라고 베푸는 동정이 아니라 하나님께서 우리 인간에게 보여주신 조건 없는 사랑을 뜻한다. 마태복음에서 이 헤세드의 의미가 잘 나타나 있는 본문이 바로 포도원 주인과 일꾼에 관한 본문이다.

기독경영자가 성경적 경영을 추구한다면 하나님 나라의 헤세드의 원리를 어떤 형태든 경영에 적용할 필요가 있을 것이다. 현재와 같은 가혹한 경쟁환경에서 기업이 일반적인 사회적 책임의 차원을 넘어 헤세드의 경영원리를 실천하기는 쉽지 않다. 그러나 기독 경영을 추구하는 경영자는 적어도 세상의 방식과 천국의 방식 중간의 어느 지점을 선택해야 할 것이다. 뜻이 하늘에서 이루어진 것 같이 땅에서도 이루어지도록 미래를 현재화 하고 천국을 현재화 하는데 힘을 기울여야 한다. 천국은 침노하는 자의 것이라고 말씀하신 것은 우리에게 믿음의 도전을 요구하신 것이다.

## 3. 사례

### 1) 사례1 : 대표적인 세상의 경영방식 넷플릭스

"인재밀도를 중요하게 여긴다면 '대단한' 사람을 얻을 수 있다는 생각이 들 때 '좋은' 직원을 해고한다." [10)

소위 최고의 인재들로 밀도를 높인다는 전략이다. 넷플릭스 공동 창업자/CEO인 리드 헤이스팅스의 회사 운영 방침이다. 직장을 프로스포츠팀으로 여기고 우승팀이 되기 위해서는 모든 포지션에 최고의 선수가 포진하도록 해야 한다. 차선의 선수가 그 자리를 차지하고 있다면 두둑한 퇴직금을 주고 해고한다.

결과적으로 모든 직원(선수)들은 전방위 경쟁을 하게 되며 회사의 경쟁력은 높아질 수 밖에 없을 것이다. 그러나 과연 그 회사의 직원들은 행복할까? 회사의 매출실적이 인생의 목표인 직원에게는 해당될지 모르나 대부분의 직원들은 회사를 잠시 있다가 한몫 챙기고 떠나는 정류장처럼 여길 것이다. 좋은 표현으로는 경력개발을 위해 거쳐가는 과정이라고 할 수 있다. 이윤추구가 최우선인 기업의 세련된 현대적 사례라고 볼 수 있다.

### 2) 사례2 : 헤세드의 경영방식과 사례

그에 반해 우리는 성경적인 긍휼의 경영방식, 즉 헤세드의 경영방식을 추구하고 있다.

헤세드의 원리가 현실에 반영된 모습은 기업의 사회적 책임(CSR), 공유가치창출(CSV), 사회적기업, 협동조합, 마을기업 등의 형태로 다양하게 나타나고 있다.

① 갓뚜기가 된 오뚜기 [11]

오뚜기는 넘어져도 금방 오뚝 일어난다는 우리나라의 표준어 오뚝이에서 기업명을 따왔다. 기업정신은 "정적이 아니고 동적이다. 외세에 굴하지 아니한다. 말보다 행동을 중시한다. 낭비를 하지 않는다. 항상 단정하고 깔끔하다. 결코 넘어지지 않는다." 이다. 또한 식품전문회사로서 사회적 책임을 완수하기 위해 "인류의 식생활 향상에 이바지한다" 는 슬로건을 가지고 노력하고 있다. 창업주 함태호 회장이 1969년 설립한 오뚜기는 여러가지 사회적 책임 활동을 해 왔는데 그 중에 가장 대표적인 것이 선천성 심장병 어린이 심장수술 지원이다. 이는 나라의 희망이며 미래사회의 주인공이 바로 어린이라는 생각에서 시작되었다.

선천성 심장병을 앓는 어린이들은 10세 이전에 수술을 받지 못하면 생명을 잃을 수도 있다. 따라서 경제적인 이유로 수술을 받지 못해 고귀한 생명을 놓치는 일이 없도록 하기 위해 1992년 7월부터 한국심장재단과 결연을 맺고 선천성 심장병 어린이 수술비 후원사업을 시작하였다. 그로부터 25여년이 지난 지금까지 외부에 특별한 홍보 없이도 이 사업을 꾸준히 이어가고 있다. 특히 IMF, 장기적인 경기불황 등 갖가지 어려움들이 있었음에도 불구하고 오뚜기는 심장병 어린이 후원을 멈추지 않았다. 그래서 1992년 매월 5명 후원을 시작으로 현재는 매월 23명의 어린이에게 새 생명을 찾아주고 있으며, 지금까지 총 4천여명의 어린이가 후원을 받아 심장수술을 받았다. 또한 수술비 후원으로만 끝나는 것이 아니라, 완치된 어린이와 그 가족에게 지속적인 관심을 가지며 회사의 다양한 행사에 초청하기도 한다.

그 외에도 오뚜기의 사회적 책임 정신은 투철하다. 막대한 상속세를 속이지 않고 냈으며, 회사 내 비정규직이 없다. 오뚜기는 이러한 점을 결코 앞서 PR 하지 않았다. 그러나 이러한 사회적 책임이 쌓여 지금은 어느 대기업 못지 않게 신뢰의 브랜드 가치를 인정받게 되었다. 이것이 오뚜기의 별명이 갓뚜기가 된 이유이다.

② 향기내는사람들 '히즈빈스' [12]

'향기내는 사람들'은 2008년 한동대 동문들이 "너희가 여기 내 형제 중에 지극히 작은 자 하나에게 한 것이 곧 내게 한 것이니라"에 바탕을 둔 기독교 가치관에 따라 설립한 사회혁신 기업으로 '장애인들과 함께 행복하게 일하는 세상'을 비전으로 설정하고 도전하는 기업이다. 이 기업의 핵심 사업인 '히즈빈스'는 장애인 바리스타가 만드는 고급 커피 전문점이다. 히즈빈스의 장애인 직업유지율은 95% 이며 평균 근속연수는 6년이라는 것을 볼 때 히즈빈스의 장애인 고용시스템은 선구적이며 혁신적이라고 평가할 수 있다.

이 회사의 조직은 신앙, 경영, 복지 측면의 3대 정체성에 기반하여 사랑, 소통, 전문성이라는 세 가지 핵심가치를 바탕으로 운영되고 있다. 히즈빈스는 장애인 직원들을 전문가로 양성해 제조 분야, 컨설팅 및 기타 서비스업 현장에서 일하도록 하는 혁신적인 기업이 되었다. 한 명의 장애인에게 지역사회 주민 7명이 연결된 다각적 지지시스템, 장애인이 안정적으로 일할 수 있도록 돕는 7단계 교육시스템, 지역사회와 연결하여 지속가능한 장애인 일자리 문화를 만드는 네트워크형 운영모델 등의 혁신 시스템을 갖추고 있다. 그리고 전세계 10억명의 장애인들에게 일자리와 복음을 주겠다는 글로벌 사회적 기업의 성공모델을 꿈꾸며 지속가능한 성장 사업전략을 모색해 나가고 있다.

③ 차별을 넘어 : 메이저리그 최초로 흑인선수를 영입한 브루클린 다저스 (CEO 브랜치 리키) [13]

1860년대 흑인 노예는 해방이 되었지만 이들이 메이저리그 야구팀원의 일원이 된다는 것은 1940년대 백인 주류 사회에서는 도저히 용납될 수 없는 금기중의 금기였다. 그때까지만 해도 '메이저리그는 화이트리그'라는 별명처럼 메이저리그는 오직 백인들만의 성역이었다. 대학 코치 시절 브랜치 리키는 원정길에 올랐다가 팀 최고의 선수인 찰스 토머스가 흑인이라는 이유로 숙박을 거부당하는 장면을 목격한다. 리키는 실랑이 끝에 토머스를 자신의 방에서 재우게 된다. 그리고 그날 밤 토머스가 자신의 검은 피부를 한탄하며 통곡하는 것을 보고 토머스의 아픔을 마음에 두게 된다. 흑인 선수를 향한 안타까움은 타고난 사업가인 브랜치 리키에게 새로운 생각을 하게 한다. 리키의 눈에 흑인 선수들은 방치할 수 없는 무한한 자원의 보고였다.

1944년 브루클린 다저스(오늘날 LA 다저스의 전신)의 구단장이 된 브랜치 리키는 승률 저조와 수익률 하락의 한계상황을 뚫기 위한 혁신의 일환으로 흑인선수의 영입을 생각하게 된다. 스카우

트의 기준은 출중한 실력과 함께 백인들과의 생활에 익숙해야 하며 의지력과 인내심을 지닌 선수였다. 20세기 최초의 흑인 메이저리그 선수를 찾는 작업을 시작하던 중 리키의 눈에 들어온 재목은 UCLA 육상선수 출신의 '재키 로빈슨'이었다. 로빈슨은 흑인 마이너리그의 최고 스타는 아니었지만 리키의 기준에 가장 적합한 선수였다. 한 가지 걱정되는 것은 로빈슨은 의협심이 강해 과거 인종차별에 항의하다 군에서 명예제대를 당한 적이 있다는 것이었다. 리키는 타석에 들어서기 전의 로빈슨에게 초인적인 인내를 주문하게 된다.

"자네가 분노의 주먹을 휘두르게 되면 메이저리그 흑인선수 영입은 20년 후퇴하네."

마침내 경기장에서 수없이 많은 인종차별, 모욕, 협박 심지어 테러까지 인내로 이겨낸 백넘버 42의 로빈슨은 최고의 경기력으로 팬과 동료들의 마음을 사로잡게 된다. 로빈슨의 대활약으로 브루클린 다저스가 우승하게 되자, 수천 명의 백인 관중들이 거리로 쏟아져 나와 로빈슨을 연호했다. 혁명의 시작이었다. 이 이야기는 영화 '42'로도 접해볼 수 있다.

다저스는 마지막에 고용된 포도원 품꾼처럼 메이저리그에서 오랫동안 소외 되었던 흑인선수를 가장 먼저 영입한 덕분에 내셔널리그 최고의 팀으로 부상했다. 1921년부터 1946년까지 26년간 리그 우승 1번이 전부였던 다저스는, 로빈슨이 데뷔한 해인 1947년부터 1956년까지 10년간 6번의 리그 우승을 차지하며 뉴욕 양키스와 쌍벽을 이루는 팀이 되었다. 로빈슨의 도전은 미국 사회 전체에 있어 흑인과 유색 인종의 권익을 향상시키는 큰 이정표가 됐다. 로빈슨의 메이저리그 데뷔는 미국 군대가 흑인의 입대 제한을 완전히 없앤 시기보다 1년 더 빨랐고, 공립학교에서 백인 학생과 흑인 학생을 따로 교육하던 것을 금지시킨 것보다는 8년 더 빨랐다. 그리고 로빈슨이 데뷔한 후 18년이 지나서야 흑인들은 버스에서 백인의 자리 양보 요구를 받아들이지 않아도 됐다. 로빈슨은 흑인선수 최초로 명예의 전당에 헌액되었다.

브랜치 리키 단장은 흑인 선수의 메이저리그 영입이라는 혁신적인 전략을 통해 인종차별 문제에 대한 사회적 편견이라는 장벽을 허물었을 뿐 아니라, 소외 받던 흑인 선수의 등용으로 유색인종을 포함한 프로야구 시장 전체의 경제적 파이를 키웠다. 즉 커다란 사회변혁과 함께 막대한 경제적 가치를 창출한 것이다. 야구계의 링컨이자 혁명가였던 브랜치 리키 역시 1967년 명예의 전당에 헌액되었다. 헤세드의 경영은 용의주도한 준비와 함께 혁신적인 사회적 가치와 경제적 가치 - 즉 공유가치를 창출하는 것을 볼 수 있다. 그것은 하나님이 의도하신 바대로 하나님의 우리를 향한 헤세드를 우리의 사회에 대한 태도에 그대로 반영하고 있기 때문이다. 즉 기독경영자가 하나님의 헤세드의 통로가 되는 것이다. 하나님은 축복의 통로를 축복해 주신다.

④ CSR의 혁신 - 중국 내지 영세병원에 초음파 스캐너를 보급한 GE China (2012 CSR포럼, GE Korea 발표)

오늘날 초음파 스캐너는 병원에서 진단장비로서 필수불가결한 장비가 되었다. 하지만 비싼 가격 때문에 중국 내지의 영세병원에서는 구비하기가 불가능했다. 이를 돕기 위한 목적으로 GE

China의 연구개발팀은 초음파 스캐너를 단순축소 이동식 모델로 개량하여 아주 저렴한 가격으로 보급하였다. 물론 이것은 회사의 CSR, 즉 사회공헌의 일환이었다. 그런데 독일의 병원에서 GE의 이동형 스캐너 모델을 보고 이것을 휴대용 스마트폰 크기로 개량을 요청하여 마침내 V-Scan 모델을 개발하게 된다. 그리고 이것은 대히트를 기록하면서 독일 및 유럽 병원 시장에서의 필수품이 되었다. 청진기를 대체하며 병원문화의 혁신이 된 것이다. 이것을 경영학에서는 역행혁신(Reverse Innovation)이라고 한다. 낙후된 사회적경제 시장에서 순수한 사회공헌의 일환으로 개발한 이동식 초음파 스캐너가 휴대용으로 발전하면서 선진국 정규시장에서 커다란 경제적 가치와 병원문화의 혁신을 가져온 것이다. 이 역시 헤세드의 경영이 가져오는 보상효과라고 볼 수 있다. [14)]

⑤ 커피/낙농 클러스터 형성을 통한 사회경제적 가치창출
  - 네슬레의 CSV(공유가치창출) 경영
네슬레는 소비자와 종업원 모두의 웰빙(Well-being)에 특별한 관심을 기울이면서 세계 인류의 요구에 부응하는 인간중시의 경영방침을 추구하고 있다. 네슬레의 경영목표는 매출과 이익의 증진에서 더 나아가 활동하는 지역의 생활수준과 주민들의 삶의 질을 높이는 것이다. 전 구성원들은 열린 의사소통과 활발한 상호협조를 통해 회사의 성과를 높이고 개인의 발전을 도모할 수 있는 개선활동에 참여한다. 또한 타문화와 전통을 존중하는 세계적인 사고와 전략은 현지 지역사회의 개발과 실행으로 실현되고 있다.
사회경제적 측면에서 네슬레는 원료를 수입하기보다 가능한 현

지국의 원자재를 이용하여 생산하는 것을 원칙으로 하고 있다. 지역시장을 위한 지역생산(regional manufacture)을 통해 이동거리를 줄여 수송비용을 절감하고 환경에 미치는 부정적 영향을 감소시킨다.

네슬레는 농업경제학자, 현장기술자(extension worker), 계약자로 이루어진 팀을 생산지에 파견한다. 그래서 현재 21개국에서 28개 농업 클러스터 투자 프로젝트를 통하여 현지 농부들에게 재정지원, 품질관리 추적, 식품안전 시스템 교육, 정당한 가격책정 등 각종 혜택을 제공하고 있다. 이러한 품질향상 프로젝트를 통해 고품질 제품생산을 가능케 하는 높은 등급의 원료를 확보하고 있다. 네슬레 'DoiTung Experimental and Demonstration Farm'은 태국 북부의 농부 수백 명이 아라비카 커피를 재배하여 더 높은 가격에 커피를 판매할 수 있도록 커피 재배지 비옥화, 관개시설 및 수확 기술 등을 훈련시키고 있다. 또한 생산량에 관계없이 지역농부들로부터 정기적인 우유 구입을 원칙으로 한다. 따라서 해당 지역에 수집, 저장, 냉장시설 개조 및 설치 등의 투자가 필요하다. 이러한 지역커뮤니티 클러스터에의 투자는 네슬레의 공유가치 창출 경영을 실천한 것이다.[15]

커피는 공급의 80%가 소작농으로 이루어져 있어 복잡한 구조로 구성되어 있었다. 네슬레는 직접구매 시스템(direct buying system)을 통해 중간 유통업자의 개입 없이 직접 농부로부터 높은 가격에 커피를 구매하고 있다. 이는 네슬레가 수행하고 있는 대표적인 공정무역(Fair trade)이다. 일반적으로 공정무역이 단순 거래를 통해 향상시키는 농가소득은 10~20%인데 비해, 네슬레처럼 공유가치 창출 형태의 지역 클러스터 인프라 투자가 이루어졌을 때 농가소득의 향상은 300%로 나타나고 있다. 고품질로 시장에 고가의 브랜드 제품으로 포지션 되기 때문이다. 이 역시 헤세드가 경영에 나타난 성과라고 볼 수 있다. 한국 기업 중 네슬레 스타일의 대규모 공유가치 창출 투자를 하고 있는 기업은 CJ제일제당으로 베트남 농촌개발(고추농장) 프로젝트를 수행하고 있다.

경제적 가치와 사회적 가치를 동시에 창출하는 CSV는 비교적 규모가 큰 사회적 자본투자를 필요로 하기 때문에 쉽지는 않지만, 한 지역사회나 국가를 변화시키는 유효한 수단으로써 대기업이나 중견기업이 포기하지 말고 지속적으로 추구해야 할 사회적 책임 활동이다.

⑥ 세이비어 교회의 선교적 교회 모델 [16)]

헤세드의 경영은 기업에만 해당되는 것이 아니다. 교회에도 적용될 수 있다. 비영리 기관과 교회의 목적 가운데 하나가 헤세드의 실천이지만, 현실에서 많은 기관들이 조직 자체의 생존을 우선으로 하다 보면 그 목적이 퇴색될 때가 많다. 이제 모이는 교회의 울타리를 넘어 흩어지는 현장 사역을 지향하는 교회인 세이비어 교회의 사례를 검토해 보고자 한다.

미국의 세이비어 교회(The Church of the Saviour)는 1947년 워싱턴 DC에 설립된 이후 교인이 150명을 넘었던 적이 없는 교회이다. 워싱턴 DC는 백악관과 의회를 포함한 세계권력의 중심지임에도 불구하고 한때 세계에서 가장 빈부격차가 큰 도시였다. 화려한 중심가만 벗어나면 흑인, 노숙자, 병자와 호스피스 병동이 필요한 사람들을 쉽게 접하게 된다. 세이비어 교회는 발벗고 나서 지역사회를 섬겼고, 그 결과 현재 미국에서 가장 존경 받고 영향력 있는 교회라는 평가를 받고 있다.

70년간의 역사를 통해서 9개의 신앙 공동체로 구성되는 세이비어 교회는 사회사역에 연간 2,500만불(약 300억)의 예산을 집행하는 교회이다.[17] 보통 한국교회의 사회봉사 사역 예산을 교인 5,000명을 기준으로 5억~10억 정도(건물/시설 제외)라고 한다면 산술적으로 10만~20만명 규모의 대형교회가 할 수 있는 사역을 150명의 교인으로 구성된 세이비어 교회가 감당하고 있는 것이다.

어떻게 이러한 일이 일어날 수 있었을까? 먼저 소그룹이 침묵기도 가운데 봉사의 소명을 받고 지역사회에 헌신하면 교회본부가 이를 도와 지역공동체로 발전시킨다. 그리고 이 사역이 성장하면 비영리기구로 등록해 일반인들의 기부와 자원봉사를 받을 수 있게 한다. 추가적으로 정부가 사역의 효과를 인정하면서 25%의 매칭펀드를 제공한다. 즉 25%의 매칭펀드, 25%의 자체 헌금, 50%의 일반인 기부로 이루어지는 것이다.

이것은 마치 오병이어처럼 자신들을 드려 헌신할 때 하나님께서 축복하시고 열두 광주리 가득히 헤세드의 은혜를 부어주시는 것과 같다. 마약중독자를 치유하는 사마리아인의 집 사역은 미국 정부가 벤치마킹하고 있을 정도이다.

교회 설립자인 고든 코스비 목사는 15세때 인종차별이 심한 미국 남부지방의 흑인교회에서 설교를 하며 4년간 비공식적인 목회를 한 특이한 경력이 있다. 그 후 신학을 공부하며 인종차별이 없는 교회를 개척하겠다는 결심을 하게 된다. 그는 군목으로 노르

망디 상륙작전에 참가하는 공정부대에 배치되어 2차 대전에 참전하게 된다. 그 중 격전지에서 무수한 장병들이 전혀 준비되지 않은 죽음을 맞이하는 것을 목도하고 큰 충격을 받게 된다. 인생의 근본 고통에 대한 질문을 품게 되면서 그는 자신이 다시 전과 같은 목회로 돌아갈 수 없다는 것을 깨닫고, 인종차별이 없는 교회, 온전한 성도의 책임을 다하는 교회를 지향하며 새로운 목회의 비전을 세운다.

그는 어느 정도 규모를 갖춘 교회가 이런 비전을 이룰 수 있다는 생각으로 존 록펠러 재단을 찾아가 도움을 청한다. 그러나 비전의 차이와 좌절을 경험하고 나서 고든 목사는 큰 규모를 통해서만 큰 일을 할 수 있다는 생각을 버린다. 대신 진정으로 세상을 변화시키는 것은 고도의 영적 훈련을 받고 자신을 헌신할 수 있는 사람들로 구성된 소그룹 공동체에 의해 가능하다는 생각을 갖게 된다.

그는 마태복음 22:37의 내용처럼 첫째, 하나님을 사랑하고 둘째, 이웃을 내 몸같이 사랑하라는 사랑의 원리를 교회의 원리에 그대로 적용한다. 그리고 이것을 실천하는 것을 목표로 하여 교회 내 정식 입교와 훈련 과정에서 3년간의 서번트 리더십을 중심으로 교육받는다.

서번트 리더십에 대한 소명은 종종 우리 삶에서 경험한 어떤 고통과 관련이 있다. 서번트 리더십 과정에서는 입문 시 다음과 같은 에세이를 쓰게 한다.

질문 에세이 "당신의 가장 깊은 고통은 무엇이며 그 고통 아래에 있는 고통은 무엇인가?"

"우리가 고통받는 삶의 자리를 하나님께 드리고 나눌 때 하나님은 우리를 비슷한 고통을 가진 다른 사람들과 연결하여 그 과정에서 우리 모두에게 치유를 가져다 주신다." (엘리자베스 오코너) 18)

아이러니컬하게도 고통을 통해 우리는 하나님의 소명을 발견하게 되며 하나님의 사역을 감당하게 된다.

이러한 목회철학을 바탕으로 설립 초기부터 고도로 훈련받은 사람들이 작은 그룹을 만들어 그들이 속한 지역사회에 봉사하게 했다. 그것은 소그룹의 신앙공동체에 바탕을 둔 사역이다. 이 사역은 점차 확대되어 지교회로 발전해간다. 이는 세이비어 교회가 발견한 교회의 본질적인 구조라고 평가된다.

세이비어 교회의 구체적인 사역들은 내적인 사역인(Inward Journey) 영성사역을 기초로 이루어진다. 영성의 핵심으로서 묵상기도(Contemplation Prayer)를 중시하며 묵상의 삶을 강조하는 공동체로서 행함(Doing) 이전의 존재함(Being)을 강조하고 있다. 그리고 나서 소명을 받아 외적인 사역인 지역사회를 섬기는 사역(Outward Journey), 즉 사랑의 실천을 하게 되는 것이다.

세이비어 교회는 9개의 지교회로 구성되어 45개의 사회사역을 행하고 있으며, 많은 사역들이 비영리 조직으로 등록되어 있다. 매년 수많은 방문객들이 세이비어 교회를 방문해서 배우고 간다. 그들이 사역현장 투어를 한 후에 가장 먼저 그리고 가장 많이 하는 질문은 '대예배당이 어디냐?' 하는 것이다. 대예배당은 없다. 사역하는 현장 예를 들어 토기장이의 집, 사마리아 병원 식당, 훈련센터 강의실 등이 예배처이다. 그곳에서 환자, 노숙자, 일반인들과 함께 예배를 드리는 것이다. 이와 같이 성전/예배당 중심이 아닌 현장 사역 중심의 교회 모델을 우리는 '선교적 교회'라고 부른다. Covid-19 상황으로 시대의 변화와 함께 대형교회 모델의 패러다임 변화가 요청되고 있다. 이러한 시대에 소그룹 공동체를 기반으로 한 세이비어 교회 모델은 여러 교회의 벤치마킹 대상이 되고 있다.

## 4. 결론 및 제안

긍휼(헤세드)의 경영원리는 사회에서는 자선(Philanthropy), 사회적 책임(CSR)이라는 이름으로 오늘날 많은 기업과 사회조직의 지속가능한 발전을 위한 필수불가결한 원리가 되고 있다. 그 원리는 오늘날 CSR, CSV, 사회가치경영 등의 이름으로 또한 사회적 기업, 협동조합, 비영리 재단 등의 다양한 형태로 활동이 전개되고 있다.

중요한 것은 이제 기업의 사회적 책임은 기업의 창업과 운영의 DNA가 되어야 하며 초기 사업계획에서부터 다루어져야 한다는 것이다. 돈을 벌고 나서 사회적 책임을 생각하는 것이 아니라 돈을 벌기 위해 먼저 고려해야 하는 요소인 것이다. 따라서 처음에 비즈니스 모델을 수립할 때 경제적 가치와 사회적 가치를 함께 고려하며 사업계획을 세워야 한다.

일반 기업이 이렇다면 기독경영기업은 사회적 책임의 차원을 넘어 진정한 헤세드의 경영원리를 도입해야 할 것이다. 또한 헤세드의 원리를 도입하려는 기독경영기업은 그 실천을 위해 비즈니스 리모델링을 시도할 필요가 있다. 기업이 핵심역량으로 가치

사슬을 통해 이윤을 창출하며 사회를 섬길 수 있도록, 하나님의
의도가 이루어지며 축복의 통로가 되도록 하는 비즈니스 리모델
링을 시도할 것이 요청된다.

## ☑ 실천지침

1. 사회적 책임의 국제표준인 ISO26000의 7가지 책임주제를 참고하라. (지배구조의 투명성, 인권보장, 노동조건, 환경, 공정거래, 소비자보호, 그리고 지역사회 참여와 개발) 여섯 가지 주제가 조직 내부의 책임 사항이며 한 가지 주제(지역사회)만이 외부에 관한 사회공헌임을 알 수 있다. 그래서 겉으로 보는 사회공헌만으로는 사회적 책임을 다한다고 볼 수 없다. 7가지가 온전하게 수행되어야 한다.

2. 이제는 지속가능한 발전의 시대이다. 즉 미래 세대의 발전을 침해하지 않으면서 현세대의 발전을 도모하는 시대이며, 이것을 위해 UN에서는 지속가능 발전목표 17가지와 세부목표 169가지를 정립하였다. 이것을 UNSDG(UN Sustainable Development Goals)라고 한다.[19] 그 중의 한가지를 우리 조직이 지향하는 사회적 책임의 분야로 선정할 수 있다.

3. ISO26000과 UNSDG를 살펴보면 우리 조직의 현 CSR 방향과 상황을 진단할 수 있고, 나아가 우리 조직이 역량을 집중할 수 있는 사회책임 분야 이슈를 선정할 수 있다. 그 분야에서 사회문제가 해결되도록 다른 조직들과 함께 노력을 기울인다면 성과와 함께 좋은 기업 이미지와 평판을 얻을 수 있을 것이다.

4. 더 나아가 기독경영 기업은 헤세드의 수준을 달성하기 원한다. 그것은 사회적 자본투자에 관한 사항이며 근본적인 사회변화를 창출하는 것이다. BAM(Business As Mission)과 국제개발협력 프로젝트가 해당된다. 특정한 지역사회를 변화시켜 하나님의 통치 아래 하나님 나라를 이루게 하는 것이다. 이것은 헤세드의 경영이 장성한 분량에 이르는 것이라고 할 수 있다.

5. 기업의 성장단계에 따라 할 수 있는 헤세드 경영의 범위와 규모가 주어질 것이다. "작은 일에 충성된 자는 큰 일에도 충성 되고"라는 말씀을 기억하라. 사회 책임활동을 시작할 때는 처음부터 규모와 능력을 생각해 포기하기보다는, 사역의 필요와 진정성에 초점을 맞추어야 한다. 우리 기업이 할 수 있는 일을 믿음으로 시작하고 진정성으로 지속할 때, 하나님의 기름 부으심으로 사역을 인도하시고 동역자들을 통해 지경을 넓혀 주신다는 사실을 믿어야 한다.

## ⬛ 토의주제

1. 조직에 기업의 사회적 책임과 가치에 관한 개념이 정립되고 있는가?
   사회적 약자에 대한 배려를 어떻게 실천할 것인가? (기업차원에서의 참
   여, 기업 구성원 차원에서의 참여, 주주들 개인 차원에서 등)

2. 기업이나 조직원 개인이 사회적 책임 활동을 수행한 실적이 있는가?
   또한 앞으로 사회적 책임 활동을 한다는 의지와 계획이 있는가?

3. 사회적 책임 활동을 위한 팀이나 조직을 갖추고 있는가?

4. 나아가 핵심역량과 관련하여 공유가치창출 또는 헤세드의 원리를 실천한
   경험이 있는가?

5. 헤세드의 경영을 위해 기업의 현 비즈니스 모델을 사회적가치와 경제적
   가치를 함께 고려하는 비즈니스로 리모델링을 시도해 보자.

# ⬊ 기업사례 참고자료 (한국기업)

대부분의 기업은 비전과 미션을 가지고 있다. 설립 시 또는 창업자의 신념에 따라 기업의 존재 목적과 향후 목표를 설정한다. 기업의 존재 의미와 향후 전략과 목표에는 여러가지 상황이 반영된다. 당연히 기업에게는 수익을 내어 주주들의 자산을 증가시키고 고용된 임직원들의 생계를 책임져야 하는 1차적인 목적이 있다. 하지만 더 나아가 소외되고 가난한 사람들에 대한 관심과 배려도 필요하다. 이것은 오늘날 기업의 사회적 책임으로서 관행이 되고 있다. 아래는 실제로 필자의 현장경험에 의해 드러낸 한국 기업들의 사례이며 해당기업들의 의사를 존중하여 익명으로 처리되었다. 사회적 책임의 정책수립에 참고가 될 수 있다.

① A 기업
　임직원이 본인 급여의 1%를 회사에 기부하면 회사가 동일한 금액을 매칭하여 가정형편이 어려운 중고등학교 학생에게 장학금을 지급한다. 매년 420여명의 학생들에게 장학금을 지급하고 있다.

② B 기업
　B 기업은 매년 3월 전년도 모든 개별 기업의 당해 연도 순익의 10%를 E그룹이 설립한 4개의 재단에 기부 한다. 기부금액을 결정하는 10%의 산정기준이 되는 각 기업의 순이익에서 현금흐름이 없는 평가이익 등은 제외한다. 이는 기부금은 현금으로 지급해야 하기 때문이다. 그리고 4개의 재단은 유형별로 종교법인, 장학법인, 사회복지 법인, 문화재단 법인 등으로 구분해서 각각 전문가에게 위임해 공익사업을 하고 있다.

③ C 기업
　C 기업은 건설프로젝트 관리의 전문성을 기반으로 하는 기업이다. 따라서 매월 회사의 임직원들이 건설관련업무를 중심으로 전국의 사회복지시설의 신축, 개축 및 보수를 지원하는 자원봉사활동을 하고 있다. 회사는 별도의 법인을 설립하여 이 법인을 통하여 사회봉사에 필요한 재정적인 지원도 함께 하고 있으며 이 회사 또한 임직원이 매달 급여의 1%를 기부하고 회사에서는 2배를 더블 매칭하여 기부하고 있다.

# 4

## 청지기 정신

청지기 정신(stewardship)은 위탁자가 맡긴 자원의 선량한 관리자이며, 위탁인의 이해를 최우선하여 관리 및 감독 처리하는 포괄적인 책임의식을 일컫는 개념이다. 특히 청지기(steward)는 주인이 맡겨 놓은 재산을 수탁 및 관리하는 집사(혹은 종)라는 고전적 의미를 가지는데, 이 개념이 과거에는 Economics(경제학)과 같은 의미로 사용되었다. 희랍어인 'oikonomos'와 경제학의 어원이 되는 'economon'은 과거에 동의어로 사용되었는데, 'oikonomos'를 풀어 해석하면 집을 관리하는 집사의 의미가 된다. 즉 이를 직역하면 바로 청지기인 것이다. 그러므로 청지기란 자신에게 맡겨진 재물의 관리와 과업을 효과적으로 수행하는 사람이라고 할 수 있다. 따라서 이 단어는 경제활동에 참여하는 조직의 책임자에게 자연스럽게 적용할 수 있는 개념이라고 볼 수 있다.

성구사전을 참고하면 성경에는 돈과 관련된 내용이 천국이나 지옥에 대한 언급을 합친 것보다 더 많다고 한다. 우리가 재물을 비롯한 경제활동에 대해 일반적으로 동의하는 성경적 원리는 하나님이 물질의 궁극적 주인이시며, 우리에게 허락된 물질은 하나님의 선물로 누려야 한다는 것이다. 따라서 우리가 가진 모든 자원은 하나님과 이웃사랑의 동기에서 하나님의 영광을 위하여 사용되어야 한다.

## 1. 성경적 원리

"또 어떤 사람이 타국에 갈 때 그 종들을 불러 자기 소유를 맡김과 같으니 각각 그 재능대로 한 사람에게는 금 다섯 달란트를 한 사람에게는 두 달란트를 한 사람에게는 한 달란트를 주고 떠났더니 … 오랜 후에 그 종들의 주인이 돌아와 그들과 결산할 쌔 … 그 주인이 이르되 잘하였도다 착하고 충성된 종아 네가 적은 일에 충성하였으매 내가 많은 것을 네게 맡기리니 네 주인의 즐거움에 참여할지어다 하고 … 무릇 있는 자는 받아 풍족하게 되고 없는 자는 그 있는 것까지 빼앗기리라" (마태복음 25:14~30)

이 본문의 비유를 포함하여 마태복음 18장부터 25장까지 나오는 비유들은 예수님께서 하나님 나라에서 사는 삶의 모습이 어떠한 것인지 구체적인 이미지로 보여주신 것이다. 25장의 달란트 비유도 마태복음의 큰 구도로 볼 때 하나님 나라의 도래를 기다리는 성도의 책무에 대한 말씀으로 이해해야 한다. 충성된 종, 즉 성도의 책무는 재림의 날이 임할 때까지 자신이 받은 은사의 크기나 내용에 구애 받지 않고, 그것을 가지고 노력하며 열매를 맺는 것이다. 반면 도전과 나눔에 대한 두려움 때문에 그것을 간직하기만 한다면 심판 날에 처음 맡겨진 것까지 빼앗기게 된다.[20] 또한 여기에서 달란트란 재물만 뜻하는 것이 아니라 우리에게 주어진 모든 은사와 자원(재능, 물질, 새로운 상황, 기회 등)을 모두 가리킨다.

그러나, 이와 같은 일반적인 해석을 수용하더라도 마태복음의 달란트 비유는 기업경영 현장에 있는 사람들에게 유용하게 적용할 수 있는 많은 교훈을 담고 있다. 여기에서는 본문을 통하여 경영적 측면의 청지기 정신에 대해 살펴보도록 한다.

청지기 정신에 대한 성경적 정의는 하나님께서 허락하신 모든 자원을 하나님의 영광과 창조세계의 발전을 위하여 활용하고 관리하는 것으로 '창조—타락—구속—회복'으로 이어지는 기독교 세계관과 맥을 같이 하는 기본 정신이다.[21] 마태복음 25장의 달란트 비유에 따르면[22] 청지기 정신을 대표성(representation), 임무(responsibility), 사명(mission), 책임감, 결산과 평가(accountability)로 나누어 이해할 수 있으며 다음과 같이 정리할 수 있다.

첫째, 우리는 우리가 하는 모든 일은 하나님을 대표 또는 대리하는 것이지 우리 자신의 이해를 내세우는 것이 아니다.

둘째, 우리는 우리의 삶 가운데서 하나님으로부터 받은 이루어내야 할 임무와 사명이 있다.

셋째, 우리는 이 사명에 대해 하나님 앞에서 결산을 하게 된다.

이 세 가지 기본 요소는 기독교 세계관에 근거한 경영의 틀을 제공한다. 미국 버지니아에 있는 신앙 및 직장 경제연구소 Whelchel 소장은 세 가지 기본 요소를 활용하여 청지기 정신의 네 가지 원리를 이렇게 제시했다. (1) 주인의식(ownership)의 원리, (2) 책임(responsibility)의 원리, (3) 평가 및 결산 (accountability), (4) 보상(reward)의 원리로 구성되어 있다.[23]

먼저 청지기 정신은 대표성의 측면에서 주인의식과 밀접하게 관련되어 있다. 그것은 모든 크리스천이 마태복음 28장 마지막 부분에 나와 있는 대로 세상 모든 곳에서 그리스도의 증인이 되어야 하는 대위임 명령을 받은 것이다. 이는 좁은 의미의 전도 및 선교로 이해할 것이 아니라, 자신의 일터에서 변혁적 섬김으로 하나님 나라의 확장에 참여해야 함을 강조하는 것으로 받아 들일 수 있다. 이는 창세기 1장 28절에서와 같이 인간에게 하나님께서 창조하신 세계를 다스리라고 명하신 소위 문화명령(cultural mandate; creation mandate)과 밀접하게 관련되는 것으로 기독 경영자는 기업활동을 통하여 궁극적 주인이신 하나님 나라의 대사로서 자신이 받은 소명에 부응해야 한다는 뜻이다.

여기에서 말하는 대표성은 단순한 대리인으로서 소극적 역할을 의미하는 것이 아니라, 주인의식을 가지고 주인의 이익 극대화를 추구한다는 점에서 기업가 정신(entrepreneurship)과 맥을 같이 한다. 이윤재 교수는 성경 속에 나타난 인물들을 중심으로 도출한 기업가 정신의 특성으로 미래 지향적인 도전, 실패의 용인, 불확실성 속에서의 기민성과 변화 혁신 추구를 이야기한다.[24] 본문의 비유에 나오는 다섯 달란트 받은 종과 두 달란트 받은 종의 사례는 이 특징을 잘 보여 주고 있다. 그들은 예견력과 자신감을 가지고 위험 감수자(risk-taker)의 역할을 수행하였으며, 주인의식을 가지고 최선의 노력과 관리 조정능력을 발휘하여 갑절의 성과를 창출한 것이다.

둘째, 성서적 청지기는 자신이 스스로 인생의 사명을 선택하지 않고 하나님으로부터 받는다. 이것이 자신의 힘으로 전략적 사고를 시도하여 길을 찾는 세상의 기업가와 차이를 발견할 수 있는 면이다. 크리스천은 각자 하나님으로부터 받은 고유한 소명이 있음을 인식하는 데서 성숙된 신앙의 여정이 시작된다. 그러므로 크리스천 경영자는 다른 사람을 지배하고자 시도하지 않을 뿐 아니라 자신의 사명을 다른 사람이 찾아 주길 기대하지도 않는다. 오직 그는 전능하신 하나님의 생각과 마음을 살피고자 겸손과 경외의 태도로 그 앞에 나아 가며 그 분께서 보여 주시는 길을 기다린다.

셋째, 평가 및 결산과 보상의 원리에는 세상적 가치와는 다른 성경적 관점이 존재한다. 먼저 평가 및 결산에 대해 살펴보자. 성경 속 달란트 비유에 의하면 우리가 청지기로서 행한 일은 단순히 성과에 따른 책임을 요구하는 것이 아니다. 그와 달리 삼중 구조의 책임, 즉 "잘 하였도다/ 착하고/ 충성된/ 좋아 (well done, good, and faithful)"라고 하는 세 가지 기준에 따라 평가 받는다는 것을 알 수 있다. 이와 같은 관점에 따르면 성과에 대한 기준은 결과(results), 방법(methods), 태도(attitude)와 관련된다. 다른 말로 하면 각각 업적(product), 절차(process), 인격(person)적 측면에서 평가 받는다고 할 수 있다.

또한, 세상적 인식과 성경적 원리는 평가 이후 주어지는 보상에 차이가 있다. '내가 많은 것을 네게 맡기리니'와 '네 주인의 즐거움에 참여'라는 성경 구절에 언급된 것과 같이 청지기로서 책임의 확대, 관점의 변화, 영적 보상을 받는다.

더 나아가서 우리는 청지기의 개념을 확장시킬 수 있다.[25] 마태복음 17장1절~13절에 나오는 '변화산 사건'은 예수님의 메시아 되심과 장차 그분이 입게 될 영광을 계시한 것인데 이때 예수님의 세 가지 직분인 선지자, 제사장, 왕을 모두 연관시켜 청지기 정신의 개념을 확장한다.

먼저, 선지자로서 기독경영자는 자신을 향한 하나님의 부르심을 올바르게 이해하고, 보유한 능력과 달란트를 통해 탁월한 창조성과 혁신에 헌신하는 기업가 정신을 구현하여 하나님께 영광을 돌려야 한다. 선지자 직분에 충실한 기업가에게는 하나님의 뜻과 길이 있는 곳에 삶을 바치겠다는 헌신이 요구된다.

제사장으로서 기독경영인은 그리스도의 모습에 따라 세상을 향한 변혁적 섬김을 추구해야 하며, 이를 위해 필요한 경우 교회와 지역 공동체의 협력을 시도한다. 즉, 시간과 물질 및 재능을 포함하여 그가 받은 달란트를 투자하여 말과 행동으로 다른 사람을 섬겨야 한다는 뜻이다.

마지막으로 왕으로서의 기독경영자는 사업을 통해 하나님의 공의와 평화를 좇는 데 힘써야 한다. 또한 질서와 탁월함의 추구를 통해 경영현장에서 하나님 나라의 확장에 기여할 책임이 주어진다. 그러나 이와 같이 직분의 인식과 사명의 추구가 이상적인 청지기 모습에 포함되어야 한다. 하지만 무엇보다 중요한 것은 기독경영자의 삶 속에 일어나는 그리스도의 사역 없이는 그 힘과 동력을 갖추지 못한다.[26]

## 2. 경영원리와 이론

일반적으로 비즈니스 분야에서 청지기 정신이란 종업원, 소비자, 협력업체, 사회 등 이해관계자 (stakeholders)의 복리를 단기 재무 성과보다 먼저 고려하는 책임이자 사업의 지속가능성과 미래 성과중심의 경영철학을 포함하는 것이다. 따라서 청지기 정신은 현대 경영학에서 리더십 이론과 많은 관련이 있다. 특히 Jay Morris는 청지기 정신에 충실한 조직 리더의 특징을 다음과 같이 열거하고 있다.[27]

① 이타심에 기반한 섬김의 정신: 부당한 권력행사 또는 타인을 조정하려 들지 않음

② 지속가능성에 대한 믿음: 자신이 아니라 고객, 직원, 주주, 미래의 이익을 우선함

③ 포용성(inclusiveness)을 실천: 조직에 항상 새로운 피를 공급

④ 변화와 혁신(change and Innovation)을 추구

⑤ 팀 플레이어임: 타인에게 공을 돌리고 공동의 목표를 선택

⑥ 투명성과 소통의 중요성을 인식

⑦ 타인의 기여에 대한 적극적인 인정과 감사

이와 같이 리더십 측면에서 청지기 정신은 기업의 이해관계자들과 사회복리를 위해 가치를 창조한다는 책임에 기반한다. 또한 이 책임은 지속가능한 방법으로 이루어져야 한다. 추가적으로 Didier Cossin과 Boon Hwee Ong은 아래와 같이 청지기 정신의 7가지 원칙을 제시하고 있다.[28]

① 가치 기반 목적의식

② 주인의식(ownership mentality)의 배양

③ 균형감 있는 장단기 관점의 통합

④ 변화에 대한 예감, 기동성(agility)의 배양, 회복탄력성 (resilience)의 강화

⑤ 포용성(inclusiveness)과 이해관계자와의 강한 유대

⑥ 성과, 과정, 태도의 3차원 관리와 공동체에 대한 기여

⑦ 성공에 대한 강한 열망

청지기 정신에 입각한 기업경영의 원리에서 주인의식을 가지고 위임 받은 사명을 전심으로 추진한다는 것은 '기업가 정신'에 해

당된다. 결산과 평가의 측면에서 책임의 원리에 바탕을 두고 있다.

우선, 기업가 정신이란 좁은 의미에서는 새로운 사업의 시작 (벤처창업)과 관련된 개념이다. 하지만 넓은 의미에서는 결과가 보장되지 않는 어려운 환경에서 계산된 위험을 적극적으로 부담하며 혁신적이고 전략적인 방법으로 새로운 사업을 키우고자 하는 탁월한 의지를 말한다. 그러므로 기업가 정신을 가진 사람은 다른 사람들이 불확실하고 혼돈으로 보는 상황에서도 기회를 찾고자 시도하며 끊임 없는 변혁을 추구하고 미지의 세계에 도전할 뿐만 아니라 미래를 개척해 나가는 자이다.

한 마디로 기업가 정신이란 열정을 가지고 미래의 기회를 추구하는 것이다. 따라서 그것은 주어진 여건에서 아무것도 보이지 않더라도 무언가를 창출해 내고자 하는 삶의 태도이다. 따라서 항상 전향적이고 실천적이며, 이 세상을 현재의 모습 그대로 보지 않고 앞으로 변화해야 할 모습으로 바라본다. 그러면서 꾸준히 기회를 탐색하고, 도전한 것을 쉽게 포기 하지 않는다.

기독경영연구원의 학술연구 업적이라고 할 수 있는 '좋은 경영'을 위한 성경적 경영원리에서는 이와 같은 기업가 정신을 '창조의 원리'라는 개념에 포함시키고 있다. 창조의 원리를 구성하는 구성요소로 목적지향, 주인의식, 혁신성을 제시하고 있으며, 그 요소별로 창조의 원리를 실천하는 기업은 지속적인 발전을 실현할 수 있다고 말한다. 먼저 목적 지향은 지식과 경험, 통찰력, 분별력이 필요하며 기업의 사명, 비전, 목표 설정 및 관리를 통해 실천된다. 주인의식은 동기부여와 인력 및 조직관리를 통해 실천되며 공감과 의사소통능력이 요구된다. 마지막으로 혁신성은 기업가

정신과 혁신역량 및 노력을 바탕으로 새로운 기회의 발견과 혁신 시스템의 구축을 통해 실천된다.[29)

다음으로 책임의 원리는 우리가 하나님의 대리인으로서 창조사역의 지속이라는 사명을 잘 감당해야 할 책임을 가지고 있다는 점에서 청지기 정신의 실천 원리의 핵심이라고 볼 수 있다. 그러나 이러한 사명과 위임, 그리고 그에 따른 평가와 책임의 원리를 바르게 실천하기 위해서는 모든 관련자들 사이에 신뢰의 관계가 형성되어 있어야 한다. 우리는 누군가를 믿을 때 마음의 평안을 얻으며, 배신 예방에 들여야 할 시간과 비용을 절감하는 효과를 얻을 수 있다. 이것은 인도하는 자와 따르는 자(leader-follower)의 관계라는 틀에서 이해할 수 있는 개념이다. 청지기 정신의 바탕이 되는 신뢰는 근본적으로 주는 것(given)이지 획득(earned)하는 것이 아니다.[30) 그러므로 먼저 신뢰를 주어야만 경영의 선순환이 시작될 수 있다. 만일 경영활동 과정에서 신뢰가 깨진다면 다시 신뢰를 얻기란 매우 힘든 일이 될 것이다. 따라서 성서적 신뢰의 개념에 기반한 청지기 정신이 살아나기 위한 첫 단계는 기꺼이 리더를 신뢰하고 따르고자 하는 사람들을 찾아 그들과 함께 조직을 구성하고 발전시켜 나가는 것이다.

성경적 경영원리에 대해 체계적으로 연구한 '굿비즈니스 플러스'에서는 책임의 원리를 '하나님의 청지기로서 이해관계자 전체의 기대에 부응하는 원리'로 정의하고 이 원리의 구성요소로 (1) 관련 법규와 윤리적 기준을 철저히 따르는 준법정신(compliance), (2) 고객가치 제공을 통한 지속가능경영의 실천, (3) 전체 이해관계자의 요구에 능동적으로 대응하는 기업의 사회적 책임의 실현을 꼽고 있다.[31)

현대 경영이론에서는 지배구조(Governance) 이론, 지속가능 발전 (Sustainable Development), 지속가능경영에 책임 원리가 잘 나타나 있으므로 아래에서 간략히 각 원리의 개념과 청지기 정신과의 연관성을 설명하고자 한다.

청지기 경영에서 적절한 지배구조(governance)는 효과적인 내부통제와 책임 및 평가(accountability)를 위한 조직경영의 전제조건이 된다. 이 때 투명성(transparency)은 사회의 환경을 조성하여 구조의 작동을 가능하게 한다. 그러나 효과적인 지배구조와 책임 및 평가의 원리는 어디까지나 청지기 경영의 필수조건이지 충분조건이 될 수는 없다는 점에 유의해야 한다. 왜냐하면 이 원리는 참여자의 자발성에 근거하지 않으면, 효과적인 경영을 제약하는 결과를 초래할 수도 있기 때문이다.[32] 따라서 기업이 올바른 지배구조를 갖추기 위해서는 경영의 기본방향 설정이 필요하다. 그 구체적인 방법은 먼저 명확한 가치 선언과 구체적인 구현 계획이 있어야 하며, 이에 대한 조직 구성원 간의 합의와 소통이 선행되어야 한다. 따라서 조직 리더의 솔선 수범과 투명성을 확보하여 여건조성('Tone at the top')을 하는 것이 필요하다. 그 후 실무계층의 자발적 참여('bottoms up')에 의한 핵심가치의 명확화가 이루어지고, 이에 대한 철저한 훈련 및 적절한 보상체계를 구성하는 관리체계를 정립하는 것이 올바른 지배구조 정립을 위한 과정이다.

다음으로 지속가능발전 및 경영의 원리는 기업경영이 경제발전과 성장에 기여할 뿐만 아니라 기업이 속한 생태계의 지속가능발전을 실현하는 사명도 중요하다는 패러다임에 입각하고 있다.[33] 이와 같은 패러다임은 종종 지속가능성의 세 기둥(three pillars of sustainability) 또는 삼중적 잣대운동 (Triple-Bottom Line; 3BL)으로 불린다. 구체적으로 설명하자면 기업은 경제적, 사회적, 환경적 지속가능발전에 대한 사회적 책임이 있기 때문에 미래의 필요를 충족시키기 위해 현재 기업의 역량을 희생하여야 한다. 이는 미래의 필요에 대해 경제적, 사회적, 생태적 측면에서 타협해서는 안된다는 기업의 사회적 책임(Corporate Social Responsibility)에 대한 논리이다. 그러므로 기업의 경영성과는 전통·적인 Bottom(버텀) 라인 즉 경제적 이익과 함께 사회적, 환경적 성과와 기여도가 더해져 평가되어야 한다. 이러한 기준을 반영하기 위해 3BL의 평가 측정체계를 구축하였으며, 여러 기업들은 이를 적용한 세계시민보고서(Citizenship Report)를 발표하고 있다.[34]

## 3. 실행 내용 및 사례

### 1) 사례 1

'베케트'는 독실한 기독교인인 존 베케트 회장이 2대째 경영해오고 있는 미국 오하이오주에 위치한 난방 관련 제품 제조회사로, 지상파 TV 방송인 ABC의 유명 시사 프로그램에 10년 간격으로 두 번이나 방영된 적이 있는 모범기업이다. 베케트는 회사를 위한 핵심가치들을 설정하고 이를 전 조직에 전달하여 사람중심의 고유한 기업문화를 형성하고 있다. 핵심 가치들은 세상문화의 도덕적, 윤리적 모순과 구별된 성경에 기반을 둔 가치들이다. 또한 누구나 실현 가능한 기본적이고, 단순하고, 이해하기 쉽고, 기억하기 쉬운 가치들로 청렴성(Integrity), 탁월성(Excellence), 마음에서 우러나오는 개인 존중(Profound Respect toward People)이다. 베케트 회장은 "예수님은 옳은 일을 하라고 '청렴'을, 일을 창조적으로 정확하게 하라고 '탁월함'을, 네 이웃을 네 몸같이 사랑하라고 '사람에 대한 존중'을 강조하셨다"라고 회사 핵심가치의 설정 배경을 설명했다.[35]

성경에서의 청렴이라는 용어는 진실성, 정직, 강직함, 결백, 온전함이다. 또한 그 반대는 타협, 분열, 타락이다. 이 때 청렴한 사람은 먼저 한 약속을 저버리는 것이 더 큰 이익을 가져올지라도 그 약속을 존중하고 지킨다.

다음으로 탁월성은 창세기 1장에서 일곱 번이나 등장한다. 하나님은 창조하신 피조물들을 여러 측면에서 살펴보시고 보시기에 좋았더라고 말씀하셨다. 또한 하나님은 우리의 상상을 허용하지 않는 영역, 전적으로 순수하며 수치와 죄악에서 완전히 자유롭고 완벽하게 질서가 잡힌 지극히 아름다운 영역에 머무신다. 그리고 무엇이든 하나님 나라의 특징을 지니면 탁월해진다. 따라서 우리도 예수님과 같은 삶의 태도를 취하면 이러한 탁월성을 분명히 닮아갈 수 있다. 베케트는 이러한 믿음을 가지고 탁월함을 이끌어 내기 위해 노력을 해왔으며 그것은 '부단한 향상을 추구하는 작업'이다. 또한 그 길은 "고장 나지 않았더라도, 더 좋게 만들 방법을 찾으라"는 베케트 회장의 말에서 찾을 수 있다. "너희가 먹든지 마시든지 무엇을 하든지 다 하나님의 영광을 위하여 하라"는 고린도전서 10장 31절의 말씀이 곧 탁월함을 주시는 하나님의 부르심이라고 하겠다.

베케트와 타회사의 가장 큰 차이는 직원을 어떻게 바라보느냐에 있다. 우수한 회사들의 특징이자 근본적 성공 조건인 좋은 제품, 높은 품질, 고객 서비스에 대한 세심한 관심을 넘어 베케트에는 다른 회사들이 간과하는 '직원에 대한 존중'이 있다. 이렇게 베케트가 개개인의 가치에 역점을 두는 이유는 하나님이 보시듯 사람들을 보는 자세에 있다. 하나님은 그분의 형상대로 사람을 만드셨다. 생각하고 추론하고, 예배하고, 기쁨과 슬픔을 이해하고, 언어를 사용하는 능력과 같이 인간이 가진 고유한 속성들은 모두 하나님의 본성에서 비롯된 것이다. 하나님께서 모든 개인에게 무한한 가치가 있다고 여기시는 한 각 사람은 타인에게 진심 어린 존중을 받아야 마땅하다.

이와 같이 베케트는 청지기 정신의 철학을 기업의 로드맵으로 삼고 있다. 베케트가 하나님을 바라봄과 같이 우리는 우리 자신이 궁극의 지향점이 아니라 하나님의 더 커다란 부분을 차지한다. 따라서 우리는 그분이 우리에게 허락하신 모든 것을 그 분의 영광을 위하여 사용해야 하며, 결과에 대한 그 분의 기쁨에 함께 참여하고 누리는 것이 우리의 궁극적 보상이다.

충성스럽고 지혜로운 재산 관리인이 되어 주인이 맡긴 집안에 제때에 양식을 나눠줄 사람이 누구냐? 주인이 돌아와서 그 종이 그렇게 하는 것을 보면 그 종은 정말 행복한 사람이다. (누가복음 12장 42~43절)

## 2) 사례 2 와디즈[36]

어느 날 시장에 혜성같이 나타나 크라우드 펀딩 플랫폼 시장의 선두 주자가 된 '와디즈'는 '무난한 평일에서 주님의 평일로'라는 신혜성 대표의 깨달음에 기초하여 2012년 스타트업 기업으로 창립되었다. 그는 대학 졸업 후 겪은 여러 직장 경험을 통하여 성경대로 일하는 회사가 필요하다는 생각을 하게 되었다. 그리고 이 청지기 정신은 곧 창업을 결심하게 만들었다. 이 회사의 사명은 "올바른 생각이 신뢰를 바탕으로 생각하는 세상을 만든다"이다. 이에 따라 '올바른 생각이 드러날 수 있는 비즈니스 모델의 구축'이 이 회사의 비전이 되었다.

와디즈는 중개 플랫폼 역할 뿐 아니라 기업가정신에 기반한 청지기로서 스타트업 생태계 구축을 위해 다양한 프로그램을 운영하며 남들이 다 할 수 있는 비즈니스가 아닌 실제로 필요한 비즈니스를 추구한다. 이와 같은 비전은 기업가의 신뢰자본을 끄집어내 시각화하는 방법을 통해 올바른 사람이 잘 될 수 있는 금융서비스를 만들어 가고 있다.

와디즈는 오늘날 가치를 중요시하는 소비자들의 필요를 충족시키기 위해 펀딩 종목의 범위를 확대하고, 영역을 세분화하는 등의 노력을 통해 지배적인 크라우드 펀딩 플랫폼으로 성장하고 있다. 이러한 시도는 곧 기업 환경 속에서 올바른 가치를 찾음으로 세상을 회복시키고자 하는 청지기 정신의 실천이다.

신혜성 대표는 새로운 영역인 크라우드 펀딩에서의 성공 비결을 묻는 사람들에게 "다른 사람이 아닌 제가 했기 때문입니다."

라고 답한다. 잘될 만한 것을 카피하기보다는 남들이 안 하는 것, 어렵다고 하는 것에 투자하고 믿음으로 지속한 것이 성공의 비결이었다는 것이다. 그는 지금도 "예수님이 오시면 무얼 하실까?" 라고 자문하고, "예수님은 당연히 창업을 하실 것이다"라고 자답한다. 왜냐하면 예수님은 언제나 새로운 일을 시작하시는 분이니까.

## 4. 결론 및 제안

대표성, 사명, 평가라는 세 가지 기본요소와 결과, 방법, 인격과 태도에 따른 평가라는 소위 삼위일체식 청지기 리더십 모델은 우리의 생업 뿐만 아니라 개인생활과 신앙생활 속 어디에나 적용할 수 있는 인생경영 모델이자 윤리의 기본 틀이다.

마키아벨리즘에 근거한 소위 합리적인 세속 경영경제 모델은 이 세 가지 요소의 상호관련성을 인정하지 않고 여전히 결과에만 매달리는 경향이 있다. 그러나 진작 많은 사회현장에서 결과가 아닌 절차를 중시하고 인격을 고려하여 일을 추진하였더라면 많은 문제를 예방하고 그로 인한 고통을 겪지 않을 수 있었으리라 생각된다. 결국 현재 발생하는 많은 문제들은 하나님의 자녀인 우리가 진리에 바로 서지 못하고 비겁하게 숨고, 타협한 결과이다.

청지기 정신을 함양하기 위한 첫 번째 과제는 주인의식(owner's mentality)이다. 이것은 단지 주인을 대신하는 것이 아니라, 모든 것을 주인의 관점에서 바라보고 판단해야 하는 것을 의미한다. 복음서에 나오는 악한 청지기의 비유나 품삯에 관한 논쟁 등은 우리가 주인의 관점에서 문제를 이해하고 해결해야 한다는 것에 초점을 둔다.

둘째는 청지기의 태도이다. "저는 무익한 종입니다"라는 고백에서 볼 수 있듯이 자신의 정체성에 대한 분명한 인식이 전제되어야 한다. 이 고백에서의 종은 세상적인 관점에서의 종이 아니다. 신분은 분명 종이지만 주인이신 그리스도께서 피 값으로 사신 고귀한 존재라는 자각과 긍지가 있어야 한다. 그래야만 진정한 안식에 들어가 주인의 즐거움에 함께 참여할 수 있게 된다. 또한 이러한 정체성에 대한 자각은 주인에 대한 신뢰를 회복하게 한다.

그렇다면 다음으로 어떻게 청지기 정신에 입각한 경영을 할 것인가? 성경에 기록된 하나님의 기준에 따라 장기적인 이익을 추구해 나가는데 필요한 의사결정 도구인 적절한 지배구조(governance)와 기준을 제공하기 위한 목적으로 아래 체크리스트를 만들었다. 각 항목들은 의사결정의 단기적 측면보다는 장기적·도덕적 측면을 이해시키면서 청지기 정신에 입각한 조직 만들기에서 제안할 "Tone at the Top"(최고경영진의 솔선의지)을 촉진하기 위한 내용으로 구성되어 있다.[37]

## 이사회

- 정직과 공평의 원칙 안에서 "Tone at the Top"을 추구하라. (로마서 12:17)
- 제품과 사업모델이 가치 있고 필요한 재화와 서비스를 제공하는지 생각하라 ; 하나님의 축복을 구하라. (빌립보서 4:19)

- 하나님의 기준에 합당한 의사결정 준칙을 세워라. (e.g., 인수합병, 수익성 분석, 'Tone at the Top'). (시편 1:1-3)
- 정기적으로 이사진의 지위에 따르는 책임의 중요성과 중대함을 강조하라. (디모데전서 3:1)

## 감사위원회

- 감사위원회는 다음과 같은 것들을 가지고 있어야 한다. (누가복음 6:48~49)
    i. 업무상 전문 역량
    ii. 회계/감사에 관한 이슈에 대해 뒤처지지 않으려는 의지와 노력
    iii. 비리 적발 업무에 알맞은 적성
    iv. 강한 윤리의식 (잠언 19:20)

## 기업 지배구조 위원회

- 감시기능과 리더십을 발휘함. (데살로니가전서 5:11 ; 로마서 13:4)
- 분업을 실천하여 관리의 부담이 균등하고 적절하게 나누어지도록 한다. (잠언 20:7)
- 이사회의 핵심이므로 겸손하면서도 힘있게 일한다. (시편 37:11)

## CEO(대표이사; 최고경영자)

- 윤리적 리더십을 과소평가하지 말라. (예레미야 17:7)
- 성경적인 가르침이 위대한 리더십의 열쇠이다. (시편 19:7)

- 리더십과 지혜를 위해 하나님의 말씀을 묵상하라. (여호수아 1:8)
- 서번트 리더십으로 솔선수범('Tone at the Top')을 추구하라. (마태복음 20:27)

## CFO (재무담당 임원)

- 재무 담당 임원은 매우 도전적인 과제이지만 회사 모든 구성원들의 이익과 관련되어 있는 매우 중요한 책무이다. (잠언 3:6)
- CFO는 진실을 확고히 지키도록 전력을 다한다. (누가복음 21:19)

## 일반 임원진

- 청지기적 경영에서 'Tone at the Top'은 매우 중요하다. (잠언 11:14)
- 직원들과 주주들의 소리에 귀 기울이고 그들의 필요에 민감하게 반응하는 것은 지혜와 통찰력을 가져다 준다. (로마서 12:15)
- 하나님이 각 직원들에게 주신 재능들을 발견하라. (빌립보서 4:13)

한 사람의 경영자로서 어떻게 기업을 성서적 원리에 따른 청지기적 사명으로 경영해 나갈 것인지에 대해 생각할 때 현실 경영의 복잡성은 피할 수 없다. 경영자는 이러한 복잡성을 잘 파악하고 해결하면서 기업이 발전하도록 할 책임이 있다. 이와 같은 책임의 수행을 위한 의사결정과 결과의 평가에 있어 제일 우선하는 성서적 원리는 정의(Justice)와 공정성(Fairness)이다. 우리 하나님은 정의의 하나님이시기 때문이다. 그러나 한 가지 분명한 사실은 복음적 의미에서의 공정과 정의는 세속적인 세계관에서 보는 것과 다르다는 것이다.[38]

끝으로 지속가능발전에 대한 논의다. 청지기로서 창조 세계를 돌보는 우리의 손길은 창조주를 향한 우리의 사랑임을 반영한 것이다. 이것은 우리의 일이 예배로 표현이 되어야 한다는 존 스토트의 논리와 맥을 같이 한다.[39] 그러므로 생태계에서 지속가능경영을 위한 기독경영자의 청지기 직분은 마태복음 22장 37~40절에 나오는 가장 큰 계명인 하나님 사랑과 이웃사랑의 연장선상에 있는 것으로 보아도 좋을 것이다.

호주 출신으로 미국에서 활동하고 있는 기독교 사회사상가 오스 기니스는 우리에게 주어진 인생을 잘 살고 있다고 판단할 수 있는지를 세 가지 기준을 제시하였다. (1) 자신의 정체성에 대한 분명한 이해, (2) 자신의 사명에 대한 자각, (3) 삶의 의미에 대한 깊은 깨달음이다.[40] 본 장에서 살펴본 바와 같이 경영현장에서 청지기 정신에 투철한 기독경영자는 하나님 나라의 대사라는 정체성을 가지고 기업활동을 통하여 변혁적 섬김의 사명을 감당하며 하나님 나라의 궁극적 도래를 갈망하는 가운데 삶의 현장에서 주님과 동행하는 사람이다. 이러한 경영자는 기니스가 말한 기준에 가장 부합하는 충성된 자로서 더 큰 사명과 비전을 받고 주인의 즐거움에 참예하게 될 것이다.

## ◪ 실행 지침

1. 기독경영자로서 'Tone at the Top'에 적절한 행동수칙을 만들고 개인 사명 선언문을 작성해 본다.

2. 조직의 핵심가치를 (재)설정하고, 청지기 정신에 입각한 적절한 경영관리와 거버넌스 체계를 구축한다.

3. 하나님이 조직의 각 구성원들에게 주신 재능을 점검해 보고, 그들의 역량을 극대화할 수 있는 길을 찾아 성과뿐만 아니라 과정과 태도를 반영한 평가체계를 확립한다.

4. 기업활동에 물적 자원을 사용함에 있어, 청지기 정신과 위탁관리 원칙을 존중하여 장기적인 영향과 미래 세대를 고려하는 지속가능경영을 실천한다.

5. 모든 이해관계자들을 위해 영원하고 체계적인 가치 창출을 지향하며 최적화된 공급사슬, 생산, 마케팅 기능을 정립해 나간다.

## ◪ 토의 주제

1. 나에게 주어진 달란트는 어떤 것이 있는지 기록해 보고 다른 사람과 나누어본다.

2. 나는 기독경영자로서 하나님 나라의 대사라는 정체성을 얼마나 인식하고 있는지 생각해본다.

3. "잘 하였도다, 착하고 충성된(well done, good, and faithful) 종" 이라고 하는 세 가지 평가 기준에 대한 각자의 생각을 나누어보라.

4. "내가 많은 것으로 네게 맡기리니"와 "네 주인의 즐거움에 참여할 것"이라는 청지기에 대한 결산과 보상의 성경적 의미와 세상적인 기준을 비교해보라.

5. 선지자-제사장-왕으로서의 세 가지 청지기 직분에 대한 본문의 설명에 대하여 어떻게 생각하는지 의견을 나누어보라.

# 5

섬김의 원리

“

- ··· 그러나 너희는 랍비라 칭함을 받지 말라. 너희의 선생은 하나요 너희는 다 형제니라 땅에 있는 자를 아버지라 하지 말라 너희의 아버지는 한 분이시니 곧 하늘에 계신 이시니라 또한 지도자라 칭함을 받지 말라 너희의 지도자는 한 분이시니 곧 그리스도시니라

(마태복음 23:8~10)

”

어느 지역이든지 시중 서점에 들어가 보면 리더십에 관한 다양한 책들이 나와 있는 것을 발견할 수 있다. '누가 내 치즈를 옮겼나' 라는 제목부터 '성공한 리더들의 일곱가지 습관' 과 같은 제목에 이르기까지 독자의 관심을 끌 수 있는 리더십에 관한 많은 서적이 발간되고 연구가 진행되고 있다. 그러나 이같이 좋은 리더, 더 구체적으로는 훌륭한 경영자가 되기 위해 필요하다는 많은 지혜와 지침들은 저마다 다른 리더십 모델을 제시하고 있다. 특히 신앙을 가진 경영자에게 일관된 근본적 사고와 행동의 틀을 제공하지는 못한다. 따라서 본 장에서는 리더십과 관련하여 마태복음에서 제시된 예수님의 가르침을 중심으로 섬김의 리더십과 배려의 경영원리에 대하여 살펴보고자 한다.

## 1. 성경적 원리

예수님은 그의 나이 30세에 리더십에 대한 우리의 일반적 이해에 도전을 주는 말씀을 던지셨다. 그것은 마태복음 23장에서 서기관들과 바리새인을 꾸짖으시며 우리에게 선생, 아버지, 지도자 이 세 가지 모습의 리더를 부르는 것을 금하는 것이었다.

놀랍게도 이 세가지 호칭은 성경 여러 곳에서 사용되고 있었고, 예수님께서도 이 단어를 사용하셨다. 따라서 일종의 검열을 시도하신 것이 그의 목적은 아니었다. 사람들이 거의 매일 사용하는 일상적인 호칭들을 금하며 예수님께서 말씀하시고자 한 것은 역설적이게도 리더십에 대한 이야기다. 리더십의 새로운 패러다임을 세우기 위한 전주곡을 울린 것이었다. 다시 말하면 일반적으로 타락 이후 온전하지 못한 흠이 있는 사람들은 불완전한 기준을 세우기 마련이다. 그리고 그 기준을 부적절한 방식으로 적용하게 되는 것을 아시고 예수님께서 더 나은 길을 제시하신 것이다.

마태복음 23장 초반의 본문은 예수님께서 왜 리더십의 개념을 한 차원 높게 설정하실 필요가 있었는가를 보여 준다. 당시 지도자들은 흔히 부패하였고 자기 스스로 의로웠으며 위선적이고 정직하지 못하였다. 사람들을 잘 다스리는 대신 오히려 그들을 억압하였다.[41] 이와 같은 부정직과 불성실을 바라보시면서 예수님께서는 그들이 리더십의 기준을 잡을 자격이 없음을 선언하신 것이다. 권세 있는 음성으로 예수님은 그들에게 권력의 남용에 대한 책임을 감당하여야 할 것임을 분명하게 경고하셨다.

선생, 아버지, 지도자 이 세 단어는 각각 새로운 패러다임 속 리더십의 본질적 구성요소를 내포하고 있다. 물론 대부분의 사람들은 이 삼각 구도에 가르침을 포함시키지 않는다. 따라서 보통 리더십이라는 건물의 벽화 정도로 이해하고 만다. 우리는 종종 가르치는 직업에 종사하는 사람에게 냉소적인 태도를 보이는 경우 "당신이 무엇인가 할 수 없다면, 가르치는 일이나 하시오." 라고 말한다. 그러나 예수님도 선생임을 자임하셨다. 그뿐 아니라 인류 역사에서 스승으로 존경 받는 많은 위대한 사람들의 사상과 가르침이 세상에 선한 영향력을 끼쳤고, 그들이 리더십의 표본으로 세워져 온 것도 사실이다.

그러면 어찌하여 예수님은 여기에 인용한 성경본문에서 선생이 되지 말라고 하셨을까? 그것은 우선 선생이라고 하는 사람들이 말만 하고 실천이 없으므로 그들의 가르침에 무게 즉 온전한 권위가 실리지 않기 때문이다. 그 다음으로는 가르치는 사람들이 가르치는 진리에 대해 올바르고 깊이 있는 깨달음이 없는 경우가 많다. 결과적으로 소경이 소경을 인도하는 경우가 되는 것이다. 예수님께서 선생은 하나라고[42] 말씀하셨다. '나는 길이요 진리…'라고 선언하신[43] 예수 그리스도 밖에는 아무도 가르침의 진정한 권위를 주장할 수 없다.

예수님께서 리더로서 아비의 지위 및 역할을 포함시킨 까닭은 리더에게 아버지와 같은 도덕적 책임과 희생을 강조하고자 한 것으로 해석할 수 있다. 다시 말하면 훌륭한 리더는 사랑, 지혜, 정의, 정직, 친절, 겸손, 자제심 등과 같은 덕목을 배양하고 무례, 부정직, 교만, 성냄, 위선과 같은 인격적 속성은 지양하여야 함을 부각시킨 것이다. 선생은 학생의 지적인 성장을 돕게 되므로 리더십을 지성적 측면에서 이해하고자 했다면, 아비는 자식을 보호하고 배려하는 리더십의 감성적 속성과 연결을 시켜 보고자 한 것으로 파악할 수 있다.

마태복음 22장에 나오는 율법사와 예수님과의 대화 중에 첫째 되는 계명으로 인용된 '마음을 다하고 목숨을 다하고 뜻을 다하여 하나님을 사랑하라'[44]는 명령을 지(知)정(情)의(意)라는 삼각 구도 속에서 이해하고자 한다면, 리더 또는 지도자로서의 사명은 '뜻을 다하여 하나님을 사랑하라'는 의(意)의 측면이 될 것이다. 마태복음 본문에서 사용된 리더로서 '지도한다'라는 희랍어는 '카테게오마이(kathegeomai)'로 '다스리다' 또는 '지휘하다'라는 뜻이며, 그 어원은 헤게모니(hegemony)와 같아서 지배하거나 다스리는 역할에는 궁극적 권위가 부여됨을 알 수 있다.

그러나 예수님은 군림하고 지배하는 리더라는 우리의 일반적 인식과 전통적 기준을 거부하셨다. 그 분은 겸손과 온유로 다른 사람을 가르치고 인도함으로써 새로운 리더의 본을 보여 주셨으며, 그 혁명적인 패러다임은 하나님 나라가 도래하였을 때 나타나는 지도자상을 보여준 마태복음 20장에 잘 나타나 있다.

"이방인의 집권자들이 그들을 임의로 주관하고 그 고관들이 그들에게 권세를 부리는 줄을 너희가 알거니와 너희 중에는 그렇지 않아야 하나니 너희 중에 누구든지 크고자 하는 자는 너희를 섬기는 자가 되고 너희 중에 누구든지 으뜸이 되고자 하는 자는 너희의 종이 되어야 하리라. 인자가 온 것은 섬김을 받으려 함이 아니라 도리어 섬기려 하고 자기 목숨을 많은 사람의 대속물로 주려 함이니라" (마태복음 20:25~28)

이와 같은 리더십이 새로운 것은 선생, 아비, 지도자의 왜곡된 개념을 벗기고 그 진정한 역할에 근거하여 진리와 사랑에 충실하고, 단순히 이상만 좇는 것이 아니라 불완전한 세상에서 그 이상을 몸으로 실천하는 리더의 모습이 제시되었기 때문이다. 이것이 바로 성서적 관점에서의 섬김의 리더십 또는 종의 리더십(Servant Leadership)이다. 여기에서 예수님께서 말씀하신 종이란 '둘로스(doulos)'라는 희랍어로 이 단어는 유대사회의 독특한 전통에 따른 '자발적으로 선택한 종(bond-servant)'이라는 신분과 같은 개념이다.

가령 사업을 하다가 망하게 된 당신의 친척 한 사람이 당신에게 그 빚을 대신 갚아 주길 간청하며, 그 대가로 6년 동안 당신을 위해 종으로 살겠다는 약속을 했다고 가정하자. 6년이 지난 후 종이 자유를 찾게 되면 당신은 주인으로서 구약의 율법에 따라 따라 그가 빈 손으로 떠나지 않고 새로이 일어 설 수 있을 정도의 자금을 지원해주어야 한다. 그러나 그 종이 당신의 은택에 감사하며 계속 당신의 종으로 살게 해 주길 간청하고 당신이 이를 허락한다면 그는 당신에게 평생 매여 있는 종(bond-servant)이 되는 것이다.[45]

마태복음의 관련 본문에서 예수님은 이와 같이 스스로 선택한 종을 리더의 참 모습으로 보셨다고 이해할 수 있다. 이 때 나올 수 있는 의문은 '어찌 종이 리더인가?'라는 반문일 것이다. 이에 대한 답은 자신이 누구인가라는 정체성에 대한 인식에 따라 긍정할 수도 있고 부정할 수도 있다. 다시 말하면 마태복음 23장에서 예수님이 지적하신 대로 궁극적인 절대적 권위를 가진 선생이자 아버지이자 지도자인 분은 예수 그리스도 한 분밖에 없기 때문이다. 그래서 주님과의 관계에서 우리에게는 누구나 따르는 자, 즉 종의 역할이 주어진다. 만약 이 관계에서 반항적이거나 무책임하거나 태만하다면 하나님 보시기에 리더로 적합하지 않을 것이다. 한편 자기에게 맡겨진 것이 무엇이든 지혜롭고 근면하고 성실한 태도로 임하여 좋은 결과를 도출하면 더 많이 맡게 된다. 이 이치는 성경적 원리와 맥을 같이 한다.

또한 마태복음 18장 23절이하에 나오는 일만 달란트 빚진 자의 비유에서 볼 수 있듯이 주인에 대한 태도와 자신의 통제 아래 있는 사람들에 대한 태도가 동일하지 못한 자는 결국 주인의 은혜를 빼앗기게 된다. 이것은 종일 때의 태도와 리더일 때의 태도가 상반되어서는 안됨을 의미한다. 좋은 예로 요셉을 들 수 있다. 그는 종의 자리에서나 대국의 총리 자리에 있을 때나 한결같이 겸손하고 온유하였다. 이러한 관점에서 볼 때 예수님께서 제시하신 새로운 리더십의 패러다임은 하나님을 사랑하고 이웃을 사랑하라는 근원적 계명에 바탕을 둔 섬기는 종으로서의 리더십이라고 정리할 수 있다.

## 2. 실행 내용 및 사례

### 1) 사례 1

코스트코의 CEO인 짐 시네갈은 직원을 대할 때 섬김의 리더십을 실천한다. 코스트코는 소매 사업 중에서 복리 후생 급부(특히 보건)를 포함하여 직원 급여가 높은 것으로 잘 알려져 있다. 업계 평균을 훨씬 웃돌고 바로 다음 순위의 경쟁기업과도 40퍼센트 이상 차이가 난다. 그 결과 코스트코는 직원의 충성도가 높고, 직원 이동이 가장 큰 소매유통업계에서 이직률이 가장 낮다. 월가의 한 분석가가 지적한 바와 같이 직원 대우가 지나치게 좋다는 비판(주주의 돈으로)에 대하여, 시네갈은 직원을 잘 대하는 것이 장기적으로는 주주의 사업을 흥하게 하는 것이라고 응답했다. 직원을 섬기는 것은 그들을 존엄을 가지고 대하고 그들이 관심을 받고 있다는 것을 보여주는 것이다.

다른 회사들은 이와 동일한 가치를 다른 방식으로 나타낸다. 밥 브룸류(Bob Brumleu)가 이끄는 우량기업 옴니덕트(Omni

Duct)는 모든 직원과 그 가족의 의료보험료를 지불하고, 가족 중 학교 다니는 모든 아이를 위해 가을이면 신학기 학용품을 살 돈 을 지원한다. 그는 이런 일을 할 필요가 없지만, 이것이 직원을 섬기는 한 방법이라고 생각한다. 결국 다른 기업이 부러워할 정 도로 직원들의 회사를 향한 충성심이 높아지게 되었다.[46]

## 2) 사례 2 네패스

반도체 소재 회사인 네패스는 긍정의 언어와 감사를 통해 생명 공동체의 기업문화를 조성하고 있다. 이병구 회장에 따르면 네패 스의 경영철학은 '회사와 함께 일하는 사람을 어떻게 바라 보아야 하는가'라는 물음에 기초하고 있으며 아래와 같은 설명에 잘 나타 나 있다.

"회사의 직원은 첫째, 신뢰와 존중의 대상입니다. 둘째, 섬김의 대상입니다. 셋째는 공동체의 일원입니다. 넷째, 협력의 대상입니 다. ⋯ 회사와 직원의 관계는 하나의 생명공동체로 자신이 세상 에 태어난 이유를 찾게 해주고, 서로의 생명을 지속시키고 활력 을 북돋아 주는 관계입니다."

이 회사는 창조와 혁신을 통해 고객의 가치를 창출하고자 하는 비전과 목표가 명확하며, 경영의 투명성을 확고히 하여 실제와 원칙의 일체화를 추구한다. 이와 같은 명확한 원칙에 기반하여 조직원의 마음 상태가 중요함을 강조하는 감사경영과 나눔 봉사 활동을 통해 궁극적인 창의력 제고를 도모하고 있다. 특히, 직원들 개개인의 사정과 정서를 모니터링하고 적절한 상담 및 필요한 지원을 제공하는 공감팀을 상설 조직으로 운영하고 있는 점은 주목할 만하다.

### 3) 사례 3 베케트

베케트는 미국 난방 관련 제품 제조회사로 성경에 그 기반을 둔 세 가지 핵심가치의 하나로 '마음에서 우러나오는 개인 존중(Profound Respect toward People)'을 포함시키고 있다.[47] 베케트와 타회사의 큰 차이는 직원을 어떻게 바라보느냐에 있다. 좋은 제품, 높은 품질, 고객 서비스에 대한 세심한 관심을 넘어 직원들에 대한 존중을 보인다. 이렇게 베케트가 개개인의 가치에 역점을 두는 이유는 하나님이 우리를 보시듯 사람을 보고자 하기 때문이다. 하나님은 그분의 형상대로 남자와 여자를 만드셨다. 생각하고 추론하고 예배하고 기쁨, 슬픔을 이해하는 것, 그리고 언어를 사용하는 능력 등은 인간에게만 주어진 고유한 속성들이다. 이것은 모두 하나님의 본성에서 비롯된 것이다. 하나님께서 각 사람에게 독특하고 무한한 가치가 있다고 여기시는 한 각 사람은 타인의 진심 어린 존중을 받을만하다.

## 4) 사례 4 CarSense 설립자 프랜 멕고웬

비록 프랜이 지금은 크리스천이지만, 그는 머릿속을 맴도는 비성경적인 많은 생각들을 가지고 있었다. 하나는 삶을 거룩과 속됨으로 구분하는 뿌리 깊은 이분법적 사고였다. 두 번째 생각은 자기중심주의였다. 하지만 프랜이 열심히 일하면 일할수록 점점 더 번영은 멀어져 갔다. 프랜은 무엇이 잘못된 것인지 생각했다.

프랜의 사업은 내리막을 걸었다. 그는 수개월간 불안감에 빠져들었고, 때때로 집 근처를 배회하면서 소리치기도 하고, 심지어 하나님에게 울부짖기까지 했다. 이 때 하나님이 응답하셨다. 그리고 엄청난 변화가 일어났다. 그 후 프랜이 하나님이 주신 엄청난 시련을 통해 자신이 무엇을 위해 존재하는지 생각하기 시작한 것이다. 이렇게 프랜의 사고방식이 변하기 시작했고, 하나님이 재 가운데서 사업을 다시 일으켜 주셨다.[48]

프랜이 하나님께 부르짖고 받은 응답은 "그건 내(하나님의) 사업이다. 그러니 그 곳에서 내가 시키는 대로 하라"였다. 프랜은 이 응답을 받은 날부터 바뀌기 시작했다. 가장 먼저 일어난 일 중 하나는 프랜에게 거룩과 속됨의 구분이 없어지기 시작한 것이다. 프랜은 그가 하고 있는 사업이 단지 거룩한 하나님 나라의 일을 위한 재원을 만드는 세속적 도구 정도가 아니라, 하나님이 그를 부르신 사역의 자리 자체임을 깨달았다. 그의 사업은 소명의 대상은 다르지만 지역 교회나 선교단체에서의 사역과 마찬가지로 하나님나라의 일을 위한 것이었다.

비즈니스 활동이 그의 소명 중 하나라는 것을 깨닫게 되자 프랜에게는 또 다른 변화가 일어난다. 그의 종업원이 그의 제국을 건설하는 데 쓰이는 도구나 단순한 전도의 대상이 아니라 가치와 존엄을 지닌 사람으로 보이기 시작한 것이다. (프랜의 고용관이 변하자 직원들의 마음도 변했고, 복음에 대한 마음의 문도 이전보다 훨씬 열리게 되었다.) 프랜은 그의 종업원들을 가치 있고 존엄한 인간으로 바라보게 되면서 자연스럽게 잠언 11장 25절의 원칙을 실행하기 시작했다. 그중 하나는 종업원들을 위한 연금 지원을 시작한 것이다. 종업원들은 그들 소득의 2%까지 퇴직연금에 납부할 수 있으며, 회사는 그에 상응하는 보조금을 지원한다. 수년 후 프랜은 회사이익의 20%를 종업원 퇴직기금인 401(K) 계좌에 기부했다. 배려와 관용이 사업의 핵심 가치로 뿌리내리기 시작했다.

이 관용과 배려의 원칙은 프랜이 현재 일하고 있는 벤처 사업으로 옮겨졌다. 그가 그의 창업 파트너인 동료 크리스천과 함께 신규사업을 시작했을 때, 그들은 회사이익의 15%를 자신들의 사업 이외의 하나님 나라의 일을 하는 데 쓰기로 했다. 이러한 관대한 나눔은 회사이익이 많지 않을 때보다 오히려 이익규모가 증가할수록 어려움에 봉착했다. 그럼에도 그들은 이 원칙에 충실했고 이익은 계속 증가했다. 프랜은 또한 그의 아내가 그의 행동을 의심할 정도로 개인 기부를 늘렸다. 그는 그녀에게 매년 기부금 증액에 동의해주고 하나님이 어떻게 하시는지 보고 배울 것을 간청했다. 그들은 매년 말에 그들이 시작한 때보다 더 많은 것을 얻었으며, 때로는 어떻게 그렇게 커지게 되었는지 도무지 이해할 수 없을 정도였다.

이 과정에서 여호수아 1장 8절은 중요한 인도자 역할을 하였다. "이 율법책을 네 입에서 떠나지 말게 하며 주야로 그것을 묵상하여 그 가운데 기록한 대로 다 지켜 행하라 그리하면 네 길이 평탄하게 될 것이라 네가 형통하리라"

기업활동을 통하여 프랜은 약속을 지키는 하나님의 신실하심을 경험하였다. 프랜은 원만한 성공을 위해서 가장 중요한 것은 매일 하나님의 말씀에 거하고, 삶의 모든 영역에서 말씀을 따르려고 노력하는 것임을 깨달았다.

또한 잠언 11장 25절의 신실함을 경험했다. 그가 다른 사람에게 축복을 베풀며 그 자신이 "살이 쪘다." 다른 사람에게 풍부하게 물을 공급했는데 오히려 그 자신이 흠뻑 젖게 된 것이다.

프랜은 자신이 훌륭한 브랜드 이미지, 뛰어난 입지, 강력한 사업모델, 회사의 탁월한 인재 등을 갖게 되었음을 깨달았다. 그러나 이러한 자산들이 성공의 토대가 된 것이 아니라는 것을 알고 있다. 프랜의 성공은 하나님 안에서 믿음으로 행하고 잠언 11장 25절에 나타난 배려의 원칙을 지키며 종으로 섬기고자 노력한 그에게 하나님이 부어주신 은혜인 것이다.


## 3. 결론 및 제안

경쟁적인 비즈니스 세계에서 이상적인 섬김의 리더십을 실천하는 것은 쉬운 일이 아니다. 조직과 직원을 섬기는 리더들은 스스로를 현실적인 관점에서 바라보고, 다른 사람들의 행복에 초점을 맞춘다는 특성이 있다. 서번트 리더십을 추구하고자 하는 리더들조차도 자신이 겸손한 종의 모습으로 나타난다면 구성원들이 그를 약한 존재로 받아들이고 악용하지 않을까 염려한다. 리더가 직원에 대한 엄정한 평가와 직원을 섬겨야 할 의무 사이에서 조화를 시도하는 것은 일종의 도전이다. 이와 같은 현상은 우리가 "왜 선한 사람들이 악한 행동을 하는가?" 라는 질문을 던지게 한다. 그 이유를 기독교 세계관의 측면에서 찾아보기로 하자.

먼저 타락한 인간 본성에 아직 회복되지 못한 악한 영적 세력의 영향권이 존재한다. 하지만 인본주의 인간관에서는 모든 인간은 근본적으로 선하다고 전제하고 그들이 저지르게 되는 악한 행동을 유발시키는 요인을 외부 환경에서 찾고자 시도한다. 그래서 사람이 악한 일을 할 수밖에 없는 본성을 가지고 있다는 생각을 받아들이기 어렵다. 그러나 성경은 이것이 사실이라고 말하고 있으며, 크리스천 경영자에게는 이와 관련한 영적 분별력이 필요하다.

둘째는 경제적 어려움이다. 많은 경우 선한 사람이 잘못된 행동을 하게 되는 동기가 여기서 발생한다. 대부분의 리더는 직원의 경제적 문제가 개인의 사적인 영역이라고 생각하고 상황을 피하는 경향이 있었다. 그러나 섬김의 리더십에 따라 경영하고자 한다면 직원의 경제적 문제에 대해 인식하고 경우에 따라서는 의도적인 모니터링이 필요하다.

끝으로, 무엇이 악한 것인가에 대한 지식이 결여되어 있는 경우가 있다. 일반적으로 기업에서 컴플라이언스(준법감시) 제도는 모든 직원들이 관련 규칙을 잘 준수하고 있는지에 대해서만 확인하는 경향이 있다. 그것은 지식의 결여는 개인의 책임 영역이라는 일반적 인식 때문에 더욱 그러하다. 따라서 섬김의 리더는 지속적인 소통을 통하여 모든 구성원이 절차 및 규정과 그 배경이 되는 취지에 대하여 공통된 인식을 하고 있는지 확인하여야 한다.

비록 섬김의 리더십이 효과적인 조직 관리개념이기는 하지만 우리는 직원들이 상호간의 책무가 있는 사람들이지 자선의 대상이 아니라는 점을 알아야 한다. 회사가 직원들을 책임져야 할 때도 있지만, 직원들은 회사와의 상호 의무를 지고 있다. 회사의 기준에 따라오지 못한다면 리더는 그들에게 책임을 묻고 필요하다면 해고해야 한다. 이런 절차가 부당하거나 잘못된 것은 아니다. 물론 섬김의 리더들은 직원들과 함께 기꺼이 위험을 감수하고자 할 것이고 관계의 회복을 위하여 노력할 것이다. 하지만 만약 직원과 고용관계를 종결하여야 한다고 결론을 내리면, 리더는 해당 직원에게 해고의 이유를 제시해 그 직원에게 다음에는 이런 일이 반복되지 않도록 해야 한다. 그리고 그 사람을 존중하며 해고 과정을 밟아야 한다. 여기에서 분명한 사실은 배려의 원리는 정의 및 책임의 원리보다 앞서 적용해야 할 보편적 원리가 아니라는 점이다. 배려의 원리가 보편적으로 먼저 적용된다면 정의와 공평의 원리는 깨져 버리게 된다.

기독교 세계관의 측면에서는 비즈니스를 시장에서 하나님 나라의 확장을 추구하는 통로로 보고, 이와 같이 공동선을 위한 비즈니스는 기업의 사업인 제품이나 서비스로부터 시작된다. 하지만 변혁적 섬김의 대상에는 직원들도 포함되며, 크리스천 리더들은 그들이 사람을 계발시키는 사명도 가지고 있음을 인식한다. 이에 따라 국제제자훈련원에서는 섬김의 리더십과 관련하여 다음과 같은 네 가지 실천 과제를 제시하고 있다.

- 올바른 가치관을 가지고 비전을 보라
- 자신의 유익보다 대의를 구하라
- 겸손하라
- 작은 일에 충성하라

　미국의 우량 가구회사인 허먼 밀러의 존경 받는 사장이었던 맥스 드프리는 "지도자의 첫 번째 책무는 실상을 정의하는 것이고, 마지막 할 일은 감사하다고 말하는 것이다. 이 둘 사이에서 지도자는 종이 되고 빚진 자가 되어야만 한다." 라고 말했다.[49] 드프리의 요점은 섬김의 리더는 직원을 그저 일을 하기 위해 고용된 인적 자원으로 보는 것이 아니라 하나님의 형상을 지닌 인격체로 본다는 것이다. 진정한 리더는 다른 사람을 섬기는 데서 찾을 수 있고, 직원들이 그들의 잠재력을 최대화 할 수 있도록 돕고 섬기는 가운데 그들도 소명을 받은 사람으로 인식하여 비즈니스 활동을 통한 동역자로 발전시키는 공동체를 만들어 나간다. 서비스마스터사의 대표였던 빌 폴라드(Bill Pollard)는 "사람들은 그저 돈을 버는 것보다는 의미 있는 일을 하고 싶어 한다."고 말한다. 그는 비즈니스 리더의 중요한 과업 중 하나가 사람들이 스스로 중요하다고 느끼고, 맡은 업무가 도전과 자극을 주고, 배움이 중시되고, 공동체가 존재하는 업무환경을 조성하는 일이라고 한다.[50] 따라서, 섬김의 비즈니스 리더를 둔 조직의 구성원들은 경영자가 조성하는 환경에 대해 다음과 같은 질문들을 던지게 되고, 경영자는 이와 같은 질문을 자신의 리더십을 확인하는 점검표로 활용할 수 있을 것이다.[51]

- 내가 하는 일은 중요한가?
- 내가 하는 일은 누구에게든 변화를 주는가?
- 내가 여기 와야 하는 이유는 무엇인가?
- 내가 여기서 중요한 사람이 될 수 있는가?
- 이곳에 오는 것이 나의 삶을 풍요롭게 하는가?
- 이곳을 가족에게 보여줄 수 있는가?

성경에 나오는 위대한 지도자들의 이야기는 흠 없는 그들의 탁월한 리더십이 아니라, 그들의 연약함에도 불구하고 하나님께 어떻게 쓰임을 받았는가에 초점이 있다. 하나님 앞에서 섬기는 종으로 살아 가는 사람에게는 성과보다는 관계가 더 중요함을 일깨워 주는 것이다. 즉 역설적으로 요한복음 15장에 나오는 포도나무 비유와 같이 크리스천 리더는 자신의 힘으로 사명을 감당할 수 없음을 인정하는 것이 성공의 첫 걸음이 되는 것이다. 이와 같이 전적인 의존적 순종의 삶을 추구할 수 있는 지침으로서 헨리 나우엔은 그의 저서 '이는 내 사랑하는 자요'에서 하나님께 '내 사랑하는 자녀'라고 불리우는 복된 삶을 사는 인생 단계를 제시하였는데, 이는 섬기는 리더에게 많은 도움이 될 것이다. 그는 '오병이어'의 기적이 일어 나는 과정이 담긴 마태복음 14장 19절을 근거로 이를 설명한다.

"떡 다섯 개와 물고기 두 마리를 가지사 하늘을 우러러 축사하시고 떡을 **떼어** 제자들에게 주시매 제자들이 무리에게 **주니** (다 배불리 먹고 남은 조각을…거두었으며)"

이 사건에서 보는 바와 같이 하나님은 우리를 축복의 통로로

택하셔서('가지사' : taken), 우리에게 온갖 은사와 축복을 허락하신 후('축사하시고' : blessed), 우리를 희생과 섬김의 자리로('떼어' : broken) 보내신다('주시니' : given)는 것이다.[52] 이러한 역할을 볼 때 경영 현장에서 리더의 역할은 늘 도전적인 과제이다. 그럼에도 불구하고 조직을 이끌 때 코람데오의 태도를 일관되게 나타내는 사람이 진정한 섬김의 크리스천 리더라고 하겠다.

지금까지 리더십에 대한 전통적인 인식과 차별화된 획기적인 패러다임의 변화와 관련하여 마태복음을 비롯한 성경 말씀과 현대 경영이론 및 실제 사례를 살펴 보았다. 이를 통해 하나님을 사랑하고 이웃을 사랑하라는 제일 큰 계명에 바탕을 둔 섬기는 종이 크리스천 리더십의 표상이라는 것을 알 수 있다. 따라서 기독경영자는 하나님과의 관계 속에서 자신이 누구인가를 깨닫고 자신이 받은 사명을 바로 인식한 후 경영 현장에 바로 서야 한다. 조직에서 늘 경청하고 공감하며 타인을 용납하는 가운데 협력하여 더 큰 가치를 만들어야 한다. 또한 지속적으로 나눔의 삶을 실천한다면 하나님 보시기에 더욱 아름다운 모습을 나타내게 될 것이다.

## ⬔ 실천 지침

1. 기업활동에 관련된 모든 주체들의 존엄성을 인정하고 존중하며 궁극적 목적에 부합할 수 있도록 모든 계층이 목소리를 낼 수 있는 여건을 조성한다.

2. 건강한 자아상을 고취시키는 가운데 사람들과 화합 및 조화의 정신으로 함께한다. 또한 배려, 정직, 겸손이 장려되는 조직 문화를 만들어 간다.

3. 정직, 위엄, 존중의 태도를 가지고 타인을 대한다. 다른 이해 관계자의 입장에 기꺼이 설 수 있을 정도로 타인의 입장에서 생각한다.

4. 조직 구성원들이 스스로 중요하다고 느끼고, 업무가 도전과 자극을 주며, 배움이 중시되고, 내부 공동체가 활성화 되는 업무 환경을 조성하도록 노력한다.

5. 타락한 인간 본성에 아직 회복되지 못한 악한 영적 세력의 영향권이 존재함을 인지하고, 악한 행동으로 빠질 가능성이 있는 조직 내 환경이 있는지 찾아본다. 또한 구성원들의 개인적 어려움에 늘 관심을 갖는다.

## ⬔ 토의 주제

1. 예수님께서는 왜 선생, 아비, 지도자로 칭함을 받지 말라고 하셨는지 서로 의견을 나누어보라.

2. 자발적으로 선택한 종의 신분을 가리키는 둘로스의 의미가 어떻게 리더십의 개념에 적용될 수 있는지 토의해보라.

3. 카리스마 리더십과 서번트 리더십이 실제 경영 현장에서 어떠한 효과를 나타내는지 각자의 개인적 경험을 나누어보자.

4. 콜린스의 〈좋은 기업에서 위대한 기업으로〉에서 제시한 "먼저 사람을 택하고, 무엇을 할 것인가를 정하라 (First Who, then What)"는 지침에 대하여 각자의 견해를 나누어보시오.

5. 배려의 원리와 정의 및 책임의 원리가 실제 조직 현장에서 서로 충돌할 경우, 어떻게 이 문제를 해결하는 것이 옳은지 서로 토의해보시오.

# 6

황금률 — 고객만족의 원리

"

- 그러므로 무엇이든지 남에게 대접을 받고자 하는 대로 너희도 남을 대접하라 이것이 율법이요 선지자니라 ; So in everything, do to others what you would have them do to you, for this sums up the Law and the Prophets

(마태복음 7:12)

- 또 누구든지 너로 억지로 오 리를 가게 하거든 그 사람과 십 리를 동행하고

(마태복음 5:41)

- 네게 구하는 자에게 주며 네게 꾸고자 하는 자에게 거절하지 말라

(마태복음 5:42)

- 임금이 대답하여 이르시되 내가 진실로 너희에게 이르노니 너희가 여기 내 형제 중에서 지극히 작은 자 하나에게 한 것이 곧 내게 한 것이니라 하시고

(마태복음 25:40)

"

## 1. 성경의 원리

이 말씀은 "네 이웃을 네 몸같이 사랑하라"는 말씀과 직접 연관되어 있는 말씀이다. 그러기에 이것이 율법이요 선지자 즉 율법의 정신이라고 말씀한다. 이 구절을 부정적인 문장으로 바꾼다면 "자신이 원하지 않는 것을 남에게 행하지 말라"가 성립될 것이다.

구약으로 거슬러 올라가면 극심한 가뭄의 시기에 사르밧으로 보내진 엘리야의 사례를 들 수 있다. "너는 일어나 시돈에 속한 사르밧으로 가서 거기 머물라 내가 그곳 과부에게 명령하여 네게 음식을 주게 하였느니라"(왕상 17:9)

과부는 고대 이스라엘 사회에서 고아와 이방인과 더불어 대표적인 사회 취약계층이었다. 그러한 여인에게 도움을 받으라는 하나님의 지시는 엘리야에게는 자존심이 상할 만한 말씀이었을 것이다. 그러나 그는 순종하여 사르밧 과부에게 갔으며 그녀에게 물과 음식을 요청하였다. 그런데 여인의 집에 먹을 것이라고는 과부와 아들이 먹을 한 끼의 가루 한움큼과 약간의 기름 뿐이었다. 과부여인은 그것으로 아들과 함께 마지막 식사를 하고 죽을 참이었다. 딱한 사정에도 불구하고 엘리야는 하나님의 말씀에 따라 여인에게 청을 한다. 그는 선지자답게 하나님의 축복을 선포한다. "여호와가 비를 지면에 내리는 날까지 그 통의 가루가 떨어지지 아니하고 그 병의 기름이 없어지지 아니하리라"(왕상 17:14)

과부여인은 엘리야의 청대로 대접을 했고 약속대로 통의 가루가 떨어지지 않고 병의 기름도 없어지지 않는 기적을 체험하게 되었다. 신앙이 있었는지 알 수 없는 과부가 이러한 하나님의 기적의 은혜를 체험할 수 있었던 이유는 무엇이었을까? 그것은 자신이 소유한 마지막 것으로 하나님의 사람 엘리야를 대접했기 때문이다. 그것은 대단한 결심을 필요로 하는 일이었다. 어려운 때 남에게 나누고 베푸는 일은 결코 쉽지 않다. 적게 가진 사람이 나누는 것은 더 어려운 일이다. 나누는 것은 동등한 입장에서 갈라주는 것을 말하고, 대접은 내 것을 희생해서 남에게 음식 또는 편의를 제공하는 것을 말한다. 그런데 성경은 대접하라고 했고 하되 즐겁게 하라고 했다. 이것이 율법의 정신이라고 하신 만큼 하나님이 보시고 약속하신 대로 보상하시기 때문이다.[53]

다른 사람을 대접할 때는 아까워하지 말아야 한다. 구약의 신명기에는 "줄 때에는 아끼는 마음을 품지 말아야 할 것이니라 이로 말미암아 네 하나님 여호와께서 네가 하는 모든 일과 네 손이 닿는 모든 일에 네게 복을 주시리라"(신 15:10)고 말씀하신다.

"예수께서 베다니 나병환자 시몬의 집에 계실 때에 한 여자가 매우 귀한 향유 한 옥합을 가지고 나아와서 식사하시는 예수의 머리에 부으니" (마 26:6~7)

"이 여자가 내 몸에 이 향유를 부은 것은 내 장례를 위하여 함이니라" (마 26:12)

"내가 진실로 너희에게 이르노니 온 천하에 어디서든지 이 복음이 전파되는 곳에서는 이 여자가 행한 일도 말하여 그를 기억하리라 하시니라" (마 26:13)

예수님이 나병환자 시몬의 집에서 식사하실 때에 일어난 사건이다. 한 여인이 값비싼 향유 한 옥합을 예수의 머리에 부은 것은 예수님의 십자가 죽음을 영적으로 감지한 여인이 예수님의 장례를 위해 예비한 최고의 헌신 예배였다. 그녀는 자기가 할 수 있는 최고의 대접을 예수께 한 것이었다. 다른 제자들은 그를 분개할 정도로 아까워하였으나 주님은 칭찬하시며 후에 기독교 역사 가운데 그녀의 예배 행위가 대대로 기려질 것을 약속하신다. 주님께서 그녀에게 대접 받으신 대로 대접하는 것이다. 이 원리를 관계에 있어서의 황금률(Golden Rule)이라고 부른다.

## 2. 진정한 대접의 경영원리 – Hospitality

일차 세계대전 전에 스탠포드 대학을 다니던 두 친구가 학비 마련을 위해 콘서트를 기획하고 당시 유명한 폴란드의 피아니스트 파데레프스키를 초청하여 공연을 했다. 그러나 음악회 수입은 초청공연료 2,000달러에 모자란 1,600달러였다. 후일에 갚기로 하고 1,600달러를 파데레프스키에게 지불하고 400달러는 차용증서를 써주자 파데레프스키는 차용증을 찢고 1,600달러도 돌려주면서 이렇게 말했다. "이 돈을 경비에 충당하고, 남으면 학비에 쓰고, 그래도 남거든 돌려주시오." 피아니스트 파데레프스키는 일차 세계대전 후 수립된 폴란드 공화국의 첫 수상이 된 사람이다. 대전 후에 어려운 폴란드의 경제사정을 타개하기 위해 미국에 원조를 청하고자 미국 방문을 준비하던 어느 날 미국으로부터 원조 식량이 도착했다. 이에 대한 감사로 프랑스를 방문 중인 미국의 후버 대통령을 찾아가 감사의 인사를 전했다. 그러자 후버는 이렇게 말했다. "천만에요 저는 신세를 갚았을 뿐입니다. 수상께서는 스탠포드 음악회를 기억하십니까? 그 때 도움 받았던 학생이 접니다."[54]

진정한 대접 즉 서비스 정신에 기초한 고객만족은 CS(Customer Satisfaction) 경영으로 90년대부터 발전되어 경영의 기본조건으로 수립된 경영개념이다. 오늘날은 고객감동, 고객행복이라는 용어가 만들어질 정도로 발전했다. 2차 대전 후 시장이 포화상태에 이르자 차별화와 비용우위라는 두가지 전략으로 마케팅의 시대가 도래했다. 그 후 제품이 품질과 가격에서 동질화(homogeneity) 추세를 이루어가자 서비스의 차별화를 통해 고객을 확보 유지하려는 전략인 것이다. 그런데 이것의 본질은 바로 '진정성'(Authenticity)이라고 할 수 있다.

황금률에 기초한 진정성 있는 고객 대접이야 말로 고객만족경영의 정신을 나타낸다고 할 것이다. "고객은 왕이다" 라는 표현도 있다. 월마트 매장에는 "규칙1 ; 고객이 항상 옳다, 규칙2 ; 고객이 틀리다고 생각될 경우 규칙1을 기억하라" 는 슬로건이 있을 정도였다. 오늘날은 트렌드가 변화해 "직원이 먼저다" 라는 입장의 기업들이 많아지고 있다. 직원들을 보호하고 위할 때에 대접받은 그들이 고객을 잘 대접하게 된다는 것이다. 사실 이것 역시 고객만족경영과 다르지 않다. 고객은 내부고객과 외부고객으로 나눌 수 있는데, 내부고객인 직원들이 먼저 대접 받아야 외부고객을 잘 섬길 수 있다는 것이다. 이것이 바로 고객만족 경영의 본질이다.

켄 블랜차드를 비롯한 많은 연구자들은 황금률의 원리를 경영에 적용하여 고객을 팬으로 만드는 비결을 제시하고 있는데, 요약하면 다음과 같다.

## 1) 고객을 팬으로 만드는 황금률 [55]

① 첫 전화 통화 15초 동안 고객은 진정성을 판단하게 된다. 거래의 가능성을 비교 판단하는 것이다. 전화 통화의 예의와 대접에 관해 교육해야 한다. 전문 콜센터에만 의존해서는 안 된다. 그들은 이미 고객에게 지쳐있는 상태일 경우가 많다.

② 고객들 중 4%만이 불평을 말로 표현한다. 96%는 말없이 불만을 품고 재구매를 안 하거나 적어도 5명의 다른 잠재고객에게 불만을 퍼뜨린다. 불평을 말로 표현한 고객은 고마운 사람들이다. 그들은 우리 조직의 개선을 위해 그들의 귀중한 시간을 내 기여하고 있는 것이다. 침묵하는 고객이 만족하고 있다고 여기지 말라. 그들은 무언의 불만을 표하고 있다. 그들이 '와우'하고 감탄을 표하지 않는다면 침묵은 잠재적인 불만을 나타내는 것이다.

③ 진정으로 만족한 고객은 적어도 9명의 다른 고객들에게 구전을 하게 된다. 새로운 고객이 창출되는 것이다.

④ 시장은 끊임없이 변화하고 있다. 오늘날 고객감동 수준이 내일은 진부한 것이 된다. 따라서 기업은 시장이 제시하는 경험과, 경쟁자가 제공하는 수준 두 가지 중에서 언제나 1% 넘어설 수 있도록 준비해야 한다. 이 어디서도 경험하지 못한 1%가 차별화를 낳으며 경쟁에서 앞서 갈 수 있다. 몇 십% 앞서 가는 것은 비용상 지속가능하지도 않다. 지혜로운 1%를 유지하라.

⑤ 고객 서비스에 실패했을 경우 회복 수준에 유의하라. 기본 수준에서 실패한 것을 말하는데, 만일 다시 서비스하여 기본 수준을 회복시켜주면 나는 할 일을 다했다고 여기지만, 고객은 경쟁기업에 비해 부족하다고 여긴다. 따라서 기본을 넘어 옵션의 수준까지 회복시켜줘야 기본이 된다.

⑥ 권고되는 회복의 수준은 기본/만족/감동에서 감동의 수준까지, 시장에서 경험하지 못한 1%까지 가야 한다. 상황이 전화위복 되어 팬덤 고객이 될 수 있다.

⑦ 고객 서비스 실패의 회복은 즉시 이루어지도록 고객 담당자에게 보다 많은 재량권이 주어져야 한다. 미국의 노드스트롬 백화점의 경우 예외적인 환불 요구에 대해 담당자가 윗선에 물어볼 필요 없이 즉석에서 판단하여 결정하게 되어 있다.

## 2) 사회에 대한 황금률

2008년도에 미국의 마케팅 협회(American Marketing Association)는 마케팅에 관한 정의를 재정의하게 된다. 그것은 마케팅 대상에 사회가 추가된 것이다.

"마케팅은 소비자와 의뢰인, 파트너, 그리고 **사회전반**에 가치가 있는 매물을 창출, 소개, 제공, 교환하는 활동과 그것을 위한 일련의 제도 및 프로세스를 의미한다"(Marketing means the activities and/or systems and processes that make corporates can create, introduce, supply or exchange the valuable goods and services to customers, clients, partners and society(2008) itself)

시대의 트렌드를 반영한 마케팅에 관한 새로운 정의에서 확인할 수 있듯이 이제는 사회적 책임을 다함으로써 고객으로서의 사회를 만족시켜야 하는 시대가 온 것이다. 따라서 이제 기업의 비즈니스 가치와 전략에 사회문화적 이슈와 가치가 반영되어야 한다. 그리고 이러한 기업의 사회에 대한 진정성 있는 배려는 사회의 보상을 받게 될 것이다.

마케팅의 대가 필립 코틀러는 오늘날은 Market 3.0을 넘어 Market 4.0으로 가는 시대로 영성, 사회, 문화가 키워드라고 했다. 사회문화적인 이슈를 제시하고 그것의 해결을 위해 투자하여 삶에 커다란 변혁을 일으키는 기업이 시장을 지배하게 된다고 한다.

유한킴벌리의 사회문화 캠페인 '우리강산 푸르게 푸르게', AVON의 유방암 예방 '핑크리본' 캠페인, 아메리칸 익스프레스의 자유의 여신상 보수 운동, 파타고니아의 지구환경의 보전 등은 사회적인 이슈를 사업에 담은 성공적인 예라고 할 수 있다. 이것을 우리는 코즈 마케팅(Cause Marketing)이라고 한다. 여기서 코즈는 대의명분을 의미한다. 물론 코즈 마케팅의 바탕에는 진정성이 있어야 한다.

## 3. 사례

### 1) 사우스웨스트 항공

1970년대 초에 최초로 저가항공 개념을 도입한 사우스웨스트 항공의 경우 승무원에 대한 대우를 가족처럼 하고 있다. 그들의 적성과 취미를 살려주고 유머문화를 도입하여 회장부터 말단 승무원까지 유머를 생활화 하고 있다. 그에 따라 소통이 활발하며 즐겁고 감사하는 문화가 생활화 되어 있다. 이것이 고객을 즐겁게 해주는 역할을 하고 있다. 비행기 탑승시 스튜어디스의 장내 안내 멘트는 고객들의 폭소가 터질 만큼 재미있다. 어느 스튜어디스는 한국의 아침마당이라고 할 수 있는 장수 토크쇼인 엘런쇼에 초청받을 정도이다. 펀(Fun)경영이 기업문화로 자리 잡은 것이다.

다음은 허브 켈러허 회장의 어록 중에 있는 말이다.

"성취동기가 높은근로자들은 고객들을 가족처럼 대한다. 서비스에 만족한 고객들이 다시 올 것이라고 주주들은 기뻐할 것이다"

"스스로에게 충실해 보라. 고객들에게 훌륭한 경험을 제공해 보라. 그들은 3만 피트 밖에서도 당신을 찾아낼 것이다."

### 2) 네패스의 '슈퍼스타'

네패스의 임직원들은 서로를 '슈퍼스타'로 부르며 인사와 소통을 하고 있다. 필자도 네패스의 임원과의 이메일을 통해 '슈퍼스타!'라는 인사를 접해보았다. 직접 겪으니 그 말의 긍정효과를 제대로 경험할 수 있었다. 그것은 처음부터 당신을 인정하고 대접한다는 황금률의 서비스 정신을 담은 표현인 것이다. "당신은 슈퍼스타입니다! 이러이러한 것을 부탁드립니다." 라는 요청을 받은 사람은 그 일을 할 때에 인정 받으며 시작하는 느낌을 갖게 된다. 따라서 더 자신감을 갖고 책임감 있게 임하게 된다. 사무실에 출근했을 때 직원으로부터 '슈퍼스타' 라는 인사를 받는 장면을 상상해 보라.

## 4. 결론

"너희가 대접 받고자 하는 대로 남을 대접하라"는 황금률은 개인 관계, 조직, 사업관계에서 공통적으로 적용되는 교훈이다. 이것을 적용한 개인이나 조직은 인격적, 신앙적 성장과 함께 풍요와 번영을 보상으로 경험하게 된다. 환경이 어려울 때에도 사르밧 과부처럼 '대접'의 섬김의 수준을 포기하지 말고 유지해야 한다. 언젠가는 그 약속을 보답으로 받게 되기 때문이다. 사실은 대접하는 겸손의 인격 자체가 하늘의 보상인 것이다. 진정한 의미의 대접이 확립된 기업문화는 그 자체가 차별화된 탁월한 기업이다.

시장의 수준과 경쟁자의 수준을 언제나 1% 넘어서기 위해서는 시장중심, 고객중심의 조직이 되어야 하며 끊임없는 소통과 연구를 통해 시장과 고객정보에 정통해야 한다. 미래 시장과 고객의 움직임에 대해 준비되어 있어야 하며, 그들에 앞서가서 길목을 지키고 있어야 한다. 고객이 방향을 모른다면 최적의 방향과 포지선을 제시해 주어야 하며, 그것은 새로운 시장의 창조가 될 것이다. 명실상부 시장의 선도자, 리딩 브랜드가 되는 것이다. 리딩 브랜드는 스스로 제품진화경로(Product Migration Path)를 가지고 있어서 장단기 미래의 제품을 시기적절하게 런칭하며 트렌드를 형성하고 시장을 주도하게 된다.

# ◥ 실천지침

1. 우리 조직이 제공하는 품질과 서비스는 어떤 수준인지 객관적으로 조사해보라. (기본/ 만족/ 감동)

2. Fedex가 열리지 않는 우체통을 통째로 뜯어 운송한 것과 같은 전설적 서비스(Legendary Service) 사례를 기억하라. 투철한 고객 서비스 사례를 개발하라.

3. 고객 서비스 실패시 대처하는 회복 시스템을 만들고 현장에서 적용하게 하라.

4. 고객 응대 직원들에게 황금률을 실천할 수 있는 최대한의 재량권을 부여하라.

5. 직원을 잘 대우함으로써 자신이 말단 사원이 아닌 회사를 대표한다는 정체성을 갖고 고객을 대접하도록 하라.

# ◥ 토의주제

1. 조직에서 전설적인 서비스 사례가 있는지 나눠보자.

2. 고객 서비스 실패의 원인에 대해 토의해보자.

3. 고객 서비스 실패 시 회복 시스템에 대해 토의해보자.

4. 고객에 대한 교육 내용과 개선방안을 나눠보자.

5. 내부고객인 직원에 대한 존중 문화가 어느 정도 이루어지고 있는지 생각해보고 필요하다면 개선안을 나눠보자.

# 7

위 기 극복의 원리

- 내가 예수를 너희에게 넘겨 주리니 얼마나 주려느냐

(마태복음 26:15)


- 우리가 우리에게 죄 지은 자를 사하여 준 것 같이 우리 죄를 사하여 주시옵고

(마태복음 6:12)


- 나는 너희에게 이르노니 너희 원수를 사랑하며 너희를 박해하는 자를 위하여 기도하라

(마태복음 5:44)

## 1. 성경의 원리 ; 배신과 용서

예수님은 제자들에게 배신을 당하셨다. 그것도 수제자인 베드로와 자금을 맡아서 관리하던 가룟 유다에게 배신을 당하셨다. 가룟 유다는 대제사장에게 가서 내가 예수를 너희에게 넘겨줄 테니 나에게 얼마를 주겠느냐고 흥정을 하였다. 그리고 은 삼십에 예수님을 넘겼다. 베드로 역시 예수께서 잡히시기 전날 "너희들이 나를 다 버릴 것이다" 라고 예언했을 때 나는 모두가 주를 버릴지라도 나는 결코 예수님을 버리지 않겠다고 큰소리를 쳤다. 그러나 예수님이 붙잡히시던 밤 세 번이나 예수님을 부인하였다. 아마도 이때 예수님께서는 아주 깊은 배신감을 느끼셨을 것이다.

우리 같으면 "내가 너희들과 3년간 같이 먹고 자고 했는데 너희들이 나에게 이럴 수가 있느냐?"라는 원망을 하지 않았을까? 배신할 줄을 알고 있었음에도, 막상 사랑하는 제자들의 배신을 겪는 것은 채찍에 맞는 아픔보다 더 컸을 것이다.

현실 속에서 이러한 일이 생겼다면 극복하는 과정은 매우 어려울 것이다. 과연 마태복음 속에 이러한 위기에 적용 가능한 성경원리가 있는지 찾아보자.

앞서 언급한 예수님이 제자들에게 배신을 당하신 이야기를 좀 더 자세히 살펴보자.

"그때에 열둘 중의 하나인 가룟 유다라 하는 자가 대제사장들에게 가서 말하되 내가 예수를 너희에게 넘겨 주리니 얼마나 주려느냐 하니 그들이 은 삼십을 달아 주거늘 그가 그때부터 예수를 넘겨줄 기회를 찾더라" (마태복음 26:14~16)

이 말씀에서 알 수 있듯이 예수님은 열두 제자 중 한 사람인 가룟 유다에게 은 삼십 냥에 팔려 로마병정에게 잡히게 된다. 그 후 재판을 받고 결국 십자가에 매달려 돌아가시게 된다. 또한 제자 중에서도 수제자였던 베드로가 예수님이 잡혀 가신 후 예수님의 제자임이 밝혀지는 것이 두려워 예수를 모른다고 부인한다.

"이렇게 된 것은 다 선지자들의 글을 이루려 함이니라 하시더라 이에 제자들이 다 예수를 버리고 도망하니라" (마태복음 26:56)

"베드로가 모든 사람 앞에서 부인하여 이르되 나는 네가 무슨 말을 하는지 알지 못하겠노라 하며" (마 26:70)

"베드로가 맹세하고 또 부인하여 이르되 나는 그 사람을 알지 못하노라 하더라" (마 26:72)

"그가 저주하며 맹세하여 이르되 나는 그 사람을 알지 못하노라 하니 닭이 곧 울더라" (마 26:74)

## 용서

이와 같은 배신에 어떻게 대응하라고 성경에는 담겨있을까? 우리는 타인에게 상처를 주기도 하고, 상처를 받기도 한다. 사람들은 대개 자신이 누군가에게 준 상처는 기억하지 못하면서 자신이 누군가에게 받은 상처는 오래도록 기억한다. 상처가 깊을수록 미움, 증오, 심지어 복수심까지 갖게 된다. 그리고 그 상처는 오랫동안 우리를 따라다니며 괴롭힌다. 사전적으로 용서는 "지은 죄나 잘못을 벌하거나 꾸짖지 않고 덮어 주는 것이다" 하지만 용서는 생각만큼 쉽지 않다. 성경에서도 용서하라는 이야기가 많이 나온다.

마태복음 6:12에서는 "우리가 우리에게 죄 지은 자를 용서하여 준 것 같이 우리의 죄를 용서하여 주옵시고" 라는 말씀을 볼 수 있다.

또한 마태복음 18:21에서 내 형제가 잘못을 하였을 경우에 몇 번을 용서해야 하냐고 묻는 베드로에게 예수님께서 일흔 번씩 일곱 번이라도 용서하여야 한다고 말씀하시는 것을 확인할 수 있다.

이렇듯 성경에서 용서하라는 이유는 우리도 똑같은 잘못을 지었기 때문이다. 나의 잘못을 용서받기 위해서 우리는 다른 사람을 용서해주고 용서받아야 한다는 것이다.

나에게 피해를 준 사람을 용서한다는 것은 결코 쉽지 않은 일이다. 그러나 우리도 용서받은 경험이 있기 때문에 그것을 진정한 은혜라고 생각한다면 타인을 용서할 수 있을 것이다.

여기에서 더 나아가 나에게 피해를 준 사람, 심지어 원수까지도 사랑하고 그를 위해서 기도하라는 말씀까지 성경에서는 말하고 있다.

"나는 너희에게 말한다 너희 원수를 사랑하고 너희를 박해하는 사람을 위하여 기도하라 그래야만 너희가 하늘에 계신 너희 아버지의 자녀가 될 것이다" (마태복음 5:44)

## 2. 경영원리

### 1) 레질리언스 경영

기업을 창업한 오너기업인들은 남의 돈을 버는 것이 쉽지 않다는 이야기를 많이 한다. 물론 기업의 성장단계별로 그 어려움의 종류는 다르다. 창업초기에는 자금의 어려움이 가장 많다. 이 시기에는 사무실을 얻어야 하고 집기와 비품도 마련해야 한다. 또한 최소한의 직원들을 고용하여 매월 급여도 지급해야 한다. 대부분 창업초기에는 매출도 미미한 상태라 대부분의 시간을 자금마련을 위해 보낸다.

이후에는 영업의 어려움이 찾아 온다. 창업 이후 회사가 어느 정도 규모를 갖추어 가면 매출을 일으켜 이익을 내야 하는데 이때가 영업이 중요해 지는 시기이다. 이때 경영자는 전문 직원을 채용하고 거래처 개척을 하는 것에 어려움을 겪는다.

영업이 안정되고 회사의 자금도 여유가 생겨 안정기에 들어서면 다음으로는 믿을 만한 사람의 중요성을 느낀다. 창업초기에는 본인이 직접 자금 마련과 영업을 한다. 그러나 어느 정도 회사가 안정기에 도달하면 다음단계로 성장하기 위해 회사의 관리를 믿고 맡길 사람을 찾게 된다. 그래서 많은 시간을 신뢰 할 만한 충성스러운 사람을 찾고 양성하는데 집중하며 회사를 성장시켜 나간다. 이러한 과정을 통해 소수의 임원들이 생기게 되며 이들과 같이 회사의 미래를 계획하고 비전을 꿈꾸게 된다.

그러나 때때로 오랫동안 함께한 임원들이나 핵심인력이 회사를 떠나게 되는 위기가 온다.

이때 회사는 인력과 자금 등 여러 면에서 어려움을 입게 된다. '인사가 만사' 라는 말을 실감하게 되는 것이다. 믿고 맡겼던 직원이 회사를 배신하고 나갔을 때 경영자는 회사의 금전적인 손해보다 신뢰하던 직원이 준 배신감에 더 큰 상처를 받게 된다. 경영자는 이 배신감을 먼저 극복해야 한다. 배신감을 극복하기 위해서는 우선 현실을 인정하고, 어렵겠지만 그들을 긍휼이 여기는 마음이 필요하다.

이때 자신의 억울함을 들어주고 공감해 줄 수 있는 가족과 공동체가 큰 도움이 된다. 이러한 공동체는 갑자기 만들어지는 것이 아니다. 그래서 오랜 시간 함께하며 어려움과 기쁨을 나누는 소그룹 공동체를 평상시에 가까이 하면서 교제하고 있어야 한다. 이렇게 가족 이외에 멘토 그룹 등의 공동체가 있다면 매우 좋다.

이러한 공동체에서 자신의 억울함과 분함을 토로하면 위로와 격려를 받을 수 있을 것이다. 오히려 지금의 어려움이 새로운 기회가 되고 나중의 어려움을 미리 방지할 수 있는 대비책이 된다는 확신도 얻는다. 그리고 이 어려움이 생기게 된 원인이 무엇인지 자기 자신과 회사를 돌아보며 그동안 전혀 몰랐던 새로운 유익과 아이디어를 얻는다. 다시 한번 창업초기에 어려움을 극복한 기억이 살아나고, 이것보다 더 어려운 일도 극복했는데 이정도 일은 감당할 수 있다고 자신감을 회복할 수 있다. 그리고 미래를 새롭게 준비하고 계획할 수 있는 힘이 생긴다.

시간이 지나고 이러한 위기를 잘 극복하고 마무리했다면 위기를 겪은 것이 전화위복이자 은혜였다고 고백하게 될 수도 있다. 회사가 타성에 젖어 훗날 더 어려워지지 않도록 이 위기가 우리를 창업 초기의 마음으로 돌려놓았다고 생각하게 될 것이다. 그래서 더 열심히 일하며 회사에 남은 직원들에게도 더 잘하고 조심하는 계기가 될 것이다.

기업은 원래 각자의 수익을 얻기 위한 생존의 법칙이 우선한다. 그래서 항상 경쟁 관계 속에 있으며 당연히 상대방의 이익보다 나의 이익이 우선시 된다. 그러다 보니 다양한 영역에서 생존과 연관된 손익을 지키기 위해 상대방을 저버리는 배신이 발생한다. 거래처는 물론 내부 임직원도 예외는 아닐 것이다.

또한 2020년 상반기에 전세계적으로 퍼진 코로나 팬데믹은 기업 내부 인적 조직을 비롯하여 기업 외부 환경까지 모든 분야에 걸쳐 영향을 끼쳤다. 이러한 충격은 많은 기업들이 이제까지 경험하지 못한 엄청난 위기였으며, 단기간의 이슈로 끝나지 않고 현재도 계속되고 있는 위기라고 할 수 있다. 그런데 이 위기를 기회로 만든 기업들도 여럿 등장하고 있다.

이러한 가운데 최근에 레질리언스(Resilience)라는 용어가 화두가 되고 있다. 레질리언스(Resilience)는 '원래의 상태로 회복하는 수준을 넘어 위기 이전보다 더 강한 경쟁력을 갖게 된다'라는 뜻이다. (자료 : 미래 시나리오 2021,_김광석외 3인 저)

'미래 시나리오 2021'에서는 외부 충격을 받은 스프링이 강한 반발력으로 반응하여 원래보다 더 튀어 오르는 것과 같이 바운스 백(bounce back)에 그치지 않고 바운스 포워드(bounce forward)로 도약하는 조직의 역동적인 능력이 레질리언스라고 한다. 레질리언스가 없는 기업은 경영에 실패하거나 위기에 처했을 때 이를 극복하지 못하거나 극복하는 데 오랜 시간이 걸린다. 새로운 경쟁 환경에서 회복은 커녕 생존조차 어려울 수도 있다. 따라서 기업들은 레질리언스 역량을 통해서 위험요소를 가려내고, 새로운 기회를 선제적으로 창출하여 기업의 영속성을 유지할 수 있어야 한다.

참고적으로 이 책에서는 몇 가지 사례기업을 소개하고 있는데 코로나19 위기에 레질리언스로 대응한 월마트, 포드, 폭스바겐 및 소니이다.

불확실성 하에서 생기는 위기를 기회로 삼기 위해서는 사전에 철저한 대비를 하는 것이 최선일 것이다. 또한 조직 차원에서 뿐만 아니라 개인차원에도 변화를 빠르게 인지하고 이에 대응하는 준비를 해야 기회를 얻을 수 있을 것이다.

경영자의 차원에서 조직에 피해를 준 거래처나 직원이 있는 경우에는 일반적으로 그에 따르는 책임을 묻는 것이 일반적이다. 조직의 질서와 차후 동일한 사례를 방지하기 위해서 피해보상을 요구하거나 소송 또는 그에 대한 적절한 응징을 하는 것이다. 그럼에도 불구하고 상대방을 인정하고 받아들일 수 있는 관용을 보인다면 오히려 기존의 남은 임직원들에게 감동이 되어 회사에 대한 애정과 로열티가 오를 수도 있다.

또한 경영자가 용서하지 못하는 마음을 품고 있는 것은 좋은 아이디어를 생각하지 못하게 하는 원인이 될 수도 있다.

사례 1)

A 기업의 사장은 30년전 제조업을 창업하여 현재까지 매년 조금씩 성장하는 중소기업을 운영하고 있다. 20년간 크고 작은 어려움이 많았지만, 가장 큰 어려움은 5년전에 부사장이 영업직원 4명, 제품개발직원 1명을 데리고 회사를 나간 것이었다. 부사장은 본인에게 문제제기를 하면 회사의 문제점을 국세청 등 회사관계 기관에 고발하겠다고 오히려 으름장을 놓았다. 물론 회사에는 문제가 없었지만 오랫동안 임원으로 있던 부사장은 사장에게 문제가 있는 것처럼 행동하였다. 마지막까지 미안해 하기보다는 본인

의 배신을 정당화 하려는 여러 가지 이유를 나열하며 회사를 떠났다.

사례 2)

대기업 출신 B 사장은 국내 유명브랜드의 의류생산업무를 주문 받아 중국의 의류제조업체에 생산을 위탁 제조하여 국내업체에 공급하는 일을 중국 현지에서 10년간 해왔다. 중국 현지에 한국인 관리직원을 5명 정도 두고 있었는데, 그 중에 가장 오래된 직원이 집안일로 회사를 그만두겠다며 퇴직하였다. 그러나 사실 국내 유명브랜드 의류업체 영업직원의 회유로 중국의 의류제조업체와 직접 거래를 하려는 의도로 회사를 그만둔 것이었다. 본인이 직접 사업을 시작한 것이다. 이 직원은 B 사장이 신뢰하여 본인 회사를 향후에 맡기려고 계획을 가지고 있던 후계자였다.

## 2) 위기와 구조조정

두 번째는 사업환경 자체의 위기이다. 위기가 닥쳤을 때 위기 극복을 위해 시스템이나 조직을 새로운 방향으로 조정하는 것을 구조조정이라고 말한다. 조직이 급변하는 환경변화에 적응하지 못하거나, 또는 과거의 성취에 머물러 무사안일주의에 빠져있다 보면, 시장에서 낙후되고 큰 재정적 어려움에 빠질 수가 있다. 이러한 국면에서 기업은 과감한 구조조정을 통해 회생(Turnaround)할 수 있는데, 그 시점을 놓치면 회복 불가능이 되어 법정관리에 들어가거나 파산신청을 하게 될 수 있다. 이러한 위기는 기독경영기업에도 마찬가지로 다가올 수 있다. 구조조정에는 세 가지가 있는

데 사업구조조정, 재무구조조정, 조직구조조정이 있다. 구조조정을 할 때는 세 가지 구조조정을 함께 하게 되는 것이 일반적이다

### 사례 A) 두산그룹

한국기업 구조조정의 모범으로 부를만한 사례가 두산그룹이다. 두산은 1886년 종로4가에서 박승직 상점으로 시작하여 125년의 역사를 가진 장수기업이다. 그 비결은 때 맞춘 구조조정에 있다. 무역, 건설, 음료, 기계 등 다각화의 발전을 이루다가 1991년 구미공장에서의 페놀 유출 사건과 맥주시장의 부진 등을 계기로 95년 창립 100주년을 맞아 조직의 혁신이 시작된다. 외형보다는 높은 부가가치 창출에 역점을 두고 계열사 통폐합, 사업 정리 및 철수, 자산매각 등을 하였다. 그리고 Cash Flow를 중심으로 어떠한 상황에도 흑자경영이 가능한 상태로 전환하게 된다.

그런데 이 고통스런 구조조정이 1997년도 외환위기를 맞게 되면서 전화위복의 계기가 되었다. 두산그룹은 자발적인 2차 구조조정을 통해 글로벌한 시장인 중공업에도 진출하게 되었고, 오늘날은 세계 최고의 경쟁력을 갖게 된 원자력 산업에도 진출하게 되었다. 여기에는 냉철한 현실 인식을 바탕으로 한 타이밍의 포착과 경영진의 과감하고 신속한 의사결정이 주효하였다.

두산은 가업으로 물려받은 사업, 수익성 좋은 사업에 연연하지 않고 신속하게 판단하여 매각하는 놀라운 결단력을 보였다. 그리고 체계적이고 조직적인 홍보를 통해 조직 내외의 신뢰와 공감대를 형성하면서 성공적인 회생과 새로운 성장의 발판을 마련했다.

## 사례 B) GE의 선제적인 구조조정 사례

위기가 닥치기 전 선제적인 구조조정으로 대표적인 예가 GE의 구조조정이다. 40대 초반에 회장으로 부임한 잭 웰치에 의해서 세계 1, 2위를 제외한 사업을 모두 철수하고 정리하였다. 그 결과 최고 성과의 사업에 자원을 집중하여 세계 제일의 기업이 되었다. 그의 20년 재직기간 동안 GE의 시가총액은 120억달러에서 2800억달러로 불어났다. 그러나 '중성자 잭'이란 불명예스런 별명도 얻었다. 즉 중성자탄처럼 그가 다녀가면 건물은 남고 사람이 없어진다는 뜻이다. 그래서 세기의 경영자로 추앙받기도 하지만, 동시에 정리해고의 화신에 지나지 않는다는 평가를 함께 받고 있다.

구조조정은 한번 하고 끝나는 것이 아니고 환경변화에 따라 끊임없이 적응하는 경영의 방편이기도 하다. GE의 구조조정의 기업문화는 잭 웰치 회장의 후계자인 제프리 이멜트 회장의 때에도 계승되었는데, 전임자와는 달리 부드럽고 합리적인 이미지의 이멜트 회장은 사업의 중심을 미국 중심에서 아시아, 제3세계를 포함하는 저개발국 등 소위 이머징 마켓 중심으로 이동하였다. 선진국 시장의 포화상태를 예측하여 제프리 이멜트 회장이 내린 결단이었다.

이머징 마켓은 후발경제이기 때문에 건설, 교통, 발전설비, 보건의료와 같은 사회간접 자본에 대한 투자가 중요한 시장으로서 GE는 이에 집중하기로 하였다. 따라서 수익성이 높지만 향후 성장 잠재력이 낮은 플라스틱 사업을 매각하고 해당 자원을 모두 에너지, 발전, 담수화 설비와 보건의료 시스템, 에너지 관련 인프라 사업에 투자를 집중하였다.

회사 슬로건을 Imagination(상상력)으로 정하고 '인류의 환경개선과 보건복지 향상'을 뜻하는 Ecomagination 전략과 Healthimagination 전략을 선언하였다. First Mover(시장 개척자)로서 2005년도에 100개의 기술혁신 프로젝트에 30억불을 투자한 결과 오늘날 시장을 선점하게 되어 처음에 50억불이었던 매출이 2015년도에는 1,500억불로 성장하게 되었다.[56]

## 사례 C) 몬드라곤 그룹

기독경영의 이상적인 구조조정을 하는 기업을 들라면 스페인의 몬드라곤 그룹이 있다. 몬드라곤은 스페인의 바스크 지역 몬드라곤 시에서 1956년에 성당주임신부 호세 마리아 아리아스멘디 아리에타 신부의 주도로 시작된 협동조합이다. 처음 불우 청소년들을 위한 기술학교와 난로공장으로 시작하여 오늘날에는 250여개의 사업체, 종업원 8만명, 매출액 40억달러의 굴지의 협동조합 기업으로 성장하였다. 주식회사와 달리 1인 1표 제도이며 위기를 맞아 구조조정 시에도 해고를 하지 않고, 협동조합 그룹 내에서 전직과 보직변경을 통해 해결하고 있다. 급여 차이의 평균 비율도 1 : 4.5 (평사원 : CEO)로 비교적 평등한 급여 분배를 이루고 있다. 2008년 금융위기 시에도 단 한 명도 해고하지 않았으며 오히려 1만5천명을 신규 채용한 역사가 있다. 오히려 양질의 일자리 창출이 기업 목표인 셈이다. 끊임없는 선제적 혁신과 사업 구조조정을 통한[57] 사회적 경제의 성공사례이다.

## 3. 결론

사업에 있어서 고난과 위기극복은 크게 두 가지로 나눌 수가 있다. 하나는 인적 관계의 문제이고, 다른 하나는 환경과 경영의 문제이다. 인간관계든 사업환경이든 끊임없이 변하며 언제 어디서나 위기가 발생할 수 있다.

어떻게 보면 구조조정은 죽었다가 다시 살아나는 경험과 같다고 할 수 있을 것이다. 구조조정이 당시에는 고통스럽지만 후에는 더 건강한 조직구조로 재탄생하여 새로운 성장곡선을 달릴 수가 있는 것이다. 마치 옛사람이 죽고 새 생명으로 다시 태어나는 것과 같다. 기독경영을 하는 기업에게도 이러한 순간이 올 수 있다. 그 때 우리는 주님 앞에 오히려 감사하며 무릎을 꿇어야 한다. 기도 가운데 상황을 살피며 회개할 것은 회개하고 반성할 것은 반성하며 주님이 주시는 지혜를 따라 과감한 구조조정을 통해 주님이 여시는 새로운 축복의 사업 기회를 포착해야 할 것이다.

경영자는 도전정신으로 '위기를 선호하는 사람 (Risk Taker)'라는 개념을 가질 수가 있는데 사실 경영자는 위기 감시자(Risk Watcher)로서 평소에 끊임없이 잠재된 위기를 발견하고 해결하고자 애쓰는 사람이다. 그럴 때 큰 위기를 미연에 방지할 수 있고 어쩔 수 없는 위기 발생시에도 대처할 준비가 되어있는 것이다. 가장 좋은 것은 선제적인 예방이지만 예방하지 못한 위기와 고난의 과정을 겪게 되는 경우가 더 많다. 기독경영자는 이에 대하여 미리 지침을 검토하고 세우며 깊이 토의하여 준비할 필요가 있다.

## ◤ 실천지침(인적 문제)

1. 임직원들도 독립적으로 본인의 사업을 하고 싶다는 가능성을 인정하고, 인력의 공백이 올 경우를 대비하여 적절한 업무 분장과 책임 소재에 대해서 사전의 준비를 한다. 무엇보다 경영자 본인이 실무에서 자리를 비우지 말고 현장 전문가로서의 위치를 지켜야 한다.

2. 어려운 상황에 대해 혼자 고뇌에 빠지지 말고 분노를 표출하기보다는, 주변에 본인의 입장을 진솔하게 이야기 하고 들어줄 수 있는 신뢰할 수 있는 공동체를 찾아간다.

3. 이러한 어려움이 새로운 기회가 될 수 있을 것이라는 믿음을 갖고, 기존의 회사 구조와 상태를 다시 한번 점검해 보고 문제점을 찾아 개선한다. 새로운 기회가 무엇인지 고민하고 연구한다.

4. 기존의 남아있는 직원들을 격려하며 감사한 마음을 전한다. 그리고 회사의 새로운 비전을 세워서 기존의 직원들에게 새로운 희망과 목표를 제시한다.

5. 퇴사한 직원들에게 소송 등을 제기하여 본인들의 잘못을 알리기 보다는 용서하고 본인들이 스스로 깨달을 때까지 기다려 준다.

## ◤ 토의주제

1. 사업을 하면서 임직원들이 영업거래처를 가지고 다른 직원들과 함께 회사에 해를 입히면서 퇴사한 경험이나 사례가 있었는지 나눠보자.

2. 위의 경우가 있다면 배신감과 회사의 재정적 손실 중 어느 부분이 더 힘들지 나눠보자.

3. 위와 같은 경우에 누구와 함께 어려움을 이겨냈는지 나눠보자.

4. 퇴사한 직원을 용서하고 받아들일 수 있을지 나눠보자.

5. 퇴사한 임직원들이 잘 되기를 바라며 기도할 수 있는지 나눠보자.

# ☑ 실천지침(구조조정을 통한 위기 극복)

1. 현재의 조직에 위기를 감지하는 시스템이 가동되고 있는가?

2. 위기관리 시스템이 미비되어 있다면 먼저 그것을 보완하여 작동하도록 한다.

3. 내외부의 이해관계자와 원활한 소통을 통해 다각도로 위기 감지를 할 수 있게 한다.

4. 선제적인 구조조정으로 새로운 성장동력을 확보하도록 한다.

5. 구조조정에 있어서는 집중적이고 신속한 의사결정이 필요하다. 자산 매각과 사업 매각이 불가피할 때 과감한 구조조정의 결단을 해야 한다.

# ☑ 토의주제

1. 경영은 모순(Paradox)을 해결하는 과정이라는 말에 동의하는가.

2. GE의 구조조정에 대해 토론과 평가를 해보자.

3. 두산과 몬드라곤의 사례에 대해 토론해보자.

4. 어떻게 하면 구조조정을 하면서도 고용을 유지할 수 있을지 토의해보자.

# 8

### 인재육성의 원리

"

- 또 내가 네게 이르노니 너는 베드로라 내가 이 반석 위에 내 교회를 세우리니 음부의 권세가 이기지 못하리라

(마태복음 16:18)


- 너희는 가서 모든 족속을 제자로 삼아 아버지와 아들과 성령의 이름으로 세례를 베풀고 내가 너희에게 분부한 모든 것을 가르쳐 지키게 하라

(마태복음 28:19~20)

"

## 1. 예수님의 인재육성 원리 - 제자육성(disciple-making)

### 1) 제자 육성의 의의와 중요성

예수님께서 공생애 동안 하신 일은 크게 십자가 대속과 제자 육성이라고 볼 수 있다. 십자가 대속과 부활은 하나님께서 구약에서부터 약속하신 인간 구원 계획에 순종한 것이다. 이 복음은 하나님 나라의 핵심이 된다. 또한 예수님은 복음을 전파하고 하나님 나라 확장의 임무를 수행할 제자들을 키우셨다. 부족한 점도 많고 십자가 고난의 현장에서 예수님을 버리고 부인한 제자들이지만, 이들이 없었다면 예수님의 가르침이 전해지기 어려웠을 것이다. 예수님의 십자가 사건과 말씀이 이야깃거리로만 남았을지 모른다. 교회는 제자들의 헌신을 통해 확장되었고 예수님의 가르침은 그들을 통해 전수되고 성경으로 기록되었다. 물론 제자들 개인의 노력 때문이 아니라, 성령의 인도하심과 역사하심이 있었기 때문에 그 모든 것이 가능했다. 이 과정은 사도행전에 잘 기록되어 있다.

예수님은 열두 제자를 부르시고 훈련시키셨다. 그리고 승천하시면서 제자들에게 명령하신 것이 '제자 삼는 사역'이었다. 하나님 나라의 원리를 지켜 행할 제자를 키우라는 것이었다. 예수님께서 마태복음에서 선포하셨던 하나님 나라, 십자가 대속, 대위임(great commission)을 예수님 승천 후에는 예수님께 훈련받은 제자들이 증거하고 수행했다. 지금은 제자라는 단어보다 성도, 기독교인(그리스도인)이란 용어를 많이 사용하지만, 신약성경에는 '제자'가 '그리스도인'이란 용어보다 더 많이 사용된다. 어떤 면에서 예수님께서 십자가에서 죽고 부활하기 전에 행하셨던 모든 사역은 제자들을 훈련시키고 준비시키는 과정이었다고 볼 수 있다. 예수님은 제자 육성을 통해 하나님 나라의 가치와 가르침이 전파되고 세대를 이어 계승되는 것을 계획하셨다. 사도바울도 이러한 예수님의 '제자 육성 원리'를 본받았다는 것을 확인할 수 있다.

딤후 2:1-2 "내 아들아 그러므로 너는 그리스도 예수 안에 있는 은혜 가운데서 강하고 또 네가 많은 증인 앞에서 내게 들은 바를 충성된 사람들에게 부탁하라. 그들이 또 다른 사람들을 가르칠 수 있으리라"

사도바울도 믿음의 아들인 디모데에게 자신에게 배우고 경험한 것을 충성된 사람들에게 전하라고 당부한다. 이 구절에서 충성된 사람들은 예수님의 열두 제자와 같은 의미의 신자들이라고 할 수 있다. 바울은 이처럼 초대 교회가 로마의 핍박으로 어려움 속에 있던 상황에서 하나님 나라의 가르침을 계승하고 전수할 충성된 제자들을 키우는 것을 중요하게 여겼다. 즉 예수님의 제자육성은 하나님 나라의 가치와 가르침이 전파되고 지속적으로 계승되는 것이 핵심원리라는 것을 알 수 있다.

## 2) 제자 선발과 부르심

"말씀하시되 나를 따라 오너라 내가 너희로 사람을 낚는 어부가 되게 하리라 하시니 그들이 곧 그물을 버려두고 예수를 따르니라" (마태복음 4:19~20)

일반적으로 예수님의 제자라고 하면 열두 제자를 생각한다. 하지만 예수님의 공생애 기간 동안 예수님을 따르는 제자들은 열두 제자 외에도 많이 있었다. 마가복음은 제자들의 범위를 협소하게 정하여 열두 명에 초점을 두지만, 누가복음은 범위를 넓게 하여 70인 파송과 같은 사역도 소개한다. 마태복음은 마가복음과 누가 복음의 중간 정도의 입장을 취하고 있다. 마가복음은 주로 제자들의 나약함과 약점을 부각하였으며, 누가복음은 제자들이 행한 긍정적 사역과 모습을 기록하고 있다. 이 측면에서도 마태복음은 중간적인 입장을 취하고 있다. 이와 같이 복음서 속 제자의 범위는 다양할 수 있다. 그러나 기독경영자의 관점에서는 경영의 전수와 계승이 중요하므로 열두 명의 제자에 초점을 맞추는 것이 타당할 것으로 보인다.

마태복음 4:19에는 예수님께서 제자들을 보고 부르시자 베드로, 요한, 야고보, 안드레가 바로 모든 것을 버려두고 예수님을 따른 것처럼 기술되어 있다. 이 결단은 제자들의 2차 만남과 헌신이었다. 제자들은 어부라는 직업 활동을 하는 동안에 이미 예수님을 알고 있었고 친분도 있었다고 추측된다. 일상에서의 만남이 있었다.

〈표 1〉 공관복음의 제자 삼는 사역 비교

| | 마태복음 | 마가복음 | 누가복음 |
|---|---|---|---|
| 제자 범위 | 중간 | 12명에 한정 | 매우 넓음(70인) |
| 제자들에게 대한 표현 | 중간 | 부정적 | 긍정적 |
| 제자도의 모습 | 하나님 나라 백성의 배움과 정체성 | 고난을 감내하고 예수님을 따르는 용기 | 가난한 자와 부자 비교, 윤리적 실천 |
| 배경 | 회당 유대교의 갈등과 축출 위협 | 로마의 핍박 | 일상의 안정적 상황 |

자료원 : 김경진(2011), "공관복음의 제자도 비교연구", 신약논단, 21(1), 1-26.

이러한 관계를 바탕으로 예수님의 자신을 따르라는 말씀에 순종하여 예수님을 따르게 된 것이다. 제자들의 3차 헌신은 예수님이 승천한 후 성령의 임재를 통해 이루어진다 (사도행전 1장). 사도로서 목숨을 걸고 교회의 중추적인 역할을 담당한다. 그런데 예수님은 예수님을 따르겠다는 의지를 표명한 사람의 요청을 받아들이지 않기도 했다. 마태복음 8:19에서 서기관이 "선생님이여 어디로 가시든지 저는 따르리이다" 라고 하였으나 예수님은 "여우도 굴이 있고 공중의 새도 거처가 있으되 오직 인자는 머리 둘 곳이 없다" (마 8:20)라고 하시며 서기관의 요청을 받아들이지 않으신다.

예수님의 제자 선발 기준을 정확히 알 수 없지만 사회적 배경, 학식, 집안 등 겉으로 보이는 것보다는 내면의 동기와 헌신을 더 중요시 하셨음을 추측할 수 있다. 예수님은 미래의 사역을 맡기기에 적합한 동기와 태도를 가진 사람들을 알아보셨던 것 같다.

예를 들어 요한복음에서 나다나엘을 부르실 때 "그 속에 간사한 것이 없도다"라는 말씀을 하신다. 예수님은 이스라엘의 중심이었던 예루살렘에서 학식과 종교성을 갖춘 사람들을 부르시지 않고 변방이던 갈릴리 지역에서 사람을 부르신다. 예수님은 일반 사회의 기준으로 제자들을 선발하지 않으시고 자신만의 기준과 목표를 가지고 제자들을 선발하고 부르신 것을 알 수 있다.

### 3) 제자 훈련(discipline)의 원리

"망령되고 허탄한 신화를 버리고 경건에 이르도록 네 자신을 연단하라 육체의 연단은 약간의 유익이 있으나 경건은 범사에 유익하니 금생과 내생에 약속이 있느니라" (디모데전서 4:7~8)

Discipline(훈련)은 disciple(제자)에서 유래한 단어이다. 제자는 훈련과 밀접한 관련이 있으며 우수한 제자를 육성하기 위해서는 훈련과정이 필수적이다. 예수님은 제자들을 선발하고 부르셔서 훈련시키신다. 예수님이 제자들을 가르치고 훈련시킨 과정은 다양하게 설명할 수 있다. 마태복음과 복음서에 나타난 예수님의 제자 훈련 방식은 현장의 가르침, 경험, 시간, 소집단 훈련, 은혜로 요약할 수 있다.

예수님은 교실이 아니라 현장에서 제자들을 가르치셨다. 마태복음의 산상수훈과 같은 말씀을 백성들에게 전할 때, 기적을 행하실 때, 바리새인들과 논쟁할 때 제자들과 함께 하셨다. 제자들은 현장에서 예수님이 하신 말씀, 기적, 행동을 기억하였고 이를 성경으로 기록하였다. 예수님의 훈련은 교실에서의 이론이 아니라 실제 상황에서 본을 보이고 전달하는 훈련 방식이었다. 제자들은 현장에서 살아있는 훈련을 받고 예수님의 가르침을 들었다.

그리고 예수님은 제자들이 현장에서 경험할 수 있도록 하셨다. 이는 경험 중심 학습과 연결되어 있는 원리이다. 예수님은 말씀을 가르치셨을 뿐 아니라 이를 행하고 경험하게 하셨다. 겟세마네 동산에서는 3명의 제자와 함께 기도하셨다. 제자들이 직접 전도하도록 하셨다. 제자들은 예수님과 함께 하면서 현장의 경험을 축적하고 느낄 수 있었다. 제자들은 예수님께서 십자가에 못박혀 돌아가시면 안 된다는 말을 하기도 하고, 예수님을 잡으러 온 사람들을 대적하는 실수도 했다. 그러나 예수님과 동고동락하며 현장을 경험하고 훈련 받았다. 예수님은 제자들이 당장에 이해하지 못하는 말씀도 해 주시면서 예수님 승천 이후 제자들이 직접 사역하고 하나님 나라를 섬길 수 있는 원리를 가르쳐 주셨다.

예수님은 제자들을 현장에서 가르치고 경험하게 하시면서 3년을 함께 보내셨다. 짧은 시간이 결코 아니었다. 공생애 기간 동안 많은 사람들을 만나셨지만 제자들과 보낸 시간이 가장 길었다. 예수님은 속성 코스로 제자들을 훈련시키지 않으셨다. 제자들과 함께 식사하며 대화하고 이동하며 긴 시간을 보냈다. 예수님의 제자훈련은 지식을 전달하는 단기 프로그램이 아니다. 하나님 나라의 원리와 가치관을 제자들이 삶의 경험을 통해 자신의 것으로 체화하는 과정이었다.

예수님은 이적을 행하시고 바리새인들과 논쟁하는 현장에 제자들과 함께하셨다. 제자들이 가까이서 경험하게 하시며 직접 사역할 수 있는 기회도 주셨다. 부족한 제자들을 인내하며 현장에서 가르치셨다. 요약하면 예수님의 제자훈련은 삶의 현장에서 진행되었고 속성 과정이 아니라 시간과 경험을 통한 삶의 훈련이었다.

예수님은 제자들을 개인적으로 훈련시키지 않으시고 소집단으로 훈련시키셨다. 제자들이 팀워크를 배워 연합하여 하나님의 일을 할 수 있도록 하신 것이다. 제자들이 예수님이 왕이 되시면 서로 더 높은 자리를 차지한다고 다툼을 벌일 때도 예수님은 발을 씻겨주는 섬김의 본을 보여주시며 제자들에게 섬김의 원리를 직접 가르치신다. 예수님은 베드로, 요한, 야고보 세 명의 제자를 데리고 함께 기도하셨다. 요한복음 17장에서 예수님은 제자들이 서로 하나됨을 위해 기도하신다. 예수님은 제자들이 공동체 안에서 상호작용하면서 서로를 세워 나가는 교회의 원리를 훈련시켰다고 볼 수 있다.

예수님의 제자훈련 원리인 현장, 경험, 시간, 소집단 훈련의 밑바탕은 하나님의 은혜였다. 군대에서 훈련을 열심히 해도 제대 후에 자신의 것으로 남지 않는 것처럼 하나님의 은혜에 대한 깊은 깨달음과 경험이 없는 훈련은 핵심이 빠진 것이다. 제자들은 훈련을 받았음에도 예수님께서 십자가에 돌아가실 때에는 대부분 예수님을 외면하거나 부인했다. 수제자 베드로는 새벽 닭 울기 전에 세 번 예수님을 부인했다. 그리고나서 이를 예언하신 예수님을 생각하며 통곡했다. 누가복음에서는 세 번째 부인하는 순간 예수님과 눈이 마주쳤다고 기록되어 있다. 하지만 예수님은 이런 제자들을 용납하셨고 그들에게 제자 삼는 사역을 위임하셨다. 제자들은 예수님의 사랑과 은혜를 평생 간직하며 살아갔을 것이다. 어려운 순간이 올 때마다 주님의 은혜와 사랑으로 다시 일어서며 고난을 이겨냈을 것이다.

"모든 사람에게 구원을 주시는 **하나님의 은혜가 나타나** 우리를 **양육하시되** 경건하지 않은 것과 이 세상 정욕을 다 버리고 신중함과 의로움과 경건함으로 이 세상에 살고 복스러운 소망과 우리의 크신 하나님 구주 예수 그리스도의 영광이 나타나심을 기다리게 하셨으니" (디도서 2:11~13)


## 2. 경영원리와 실행 : 선발의 내적 특성이론과 도제식 훈련(ap-prenticeship)

경영학적 관점에서 예수님의 제자 선발과 훈련과정은 내적 특성이론, 도제식 훈련, 리더십 훈련, 소집단 훈련으로 요약할 수 있다.

예수님은 제자들을 선발할 때 외적 요건보다 내적 특성과 헌신을 중요하게 생각하셨다. 제자들의 내적 동기와 특성을 꿰뚫고 적합한 사람들을 제자로 부르셨다. 이는 기업들이 직무적성검사, 인성검사, 면접을 통해 조직에 맞는 인력을 채용하려는 것과 일맥상통한다. 예를 들어 경영학에서는 고객지향성에 대한 두 가지 관점이 존재한다. 첫 번째 관점은 교육을 통해 직원들이 고객 중심의 사고와 행동으로 서비스 품질을 높이게 해야 한다는 것이다. 이에 반해 두 번째 관점은 고객지향성을 하나의 내적 특성으로 본다. 즉 처음부터 고객지향성이 높은 직원을 선발해 훈련시키는 것이 훨씬 효과적이라는 것이다. 오늘날 이러한 내적 특성이론이 점차 주목을 받고 있다. 예수님도 외적 요인을 보시지 않고 하나님 나라의 가치에 적합한 내적 특성과 동기를 가진 사람들을 제자로 부르셨다. 그리고 그렇게 부름받은 제자들은 예수님의 부르심에 결단하고 헌신(commitment)하였다. 경영학에서는 이를 몰입이라는 단어로 연구하고 있다. 직무 몰입, 조직몰입 등이 이에 해당한다.

그리고 예수님의 제자훈련 원리를 경영학적 관점에서 보면 도제식 훈련(apprenticeship)이라고 할 수 있다. 현장에서 개별적으로 다른 직원을 가르치고 직무를 경험하게 하여 업무를 전수하고 훈련시키는 것이다. 구체적으로 OJT(on-the-job training)가 도제식 훈련의 전통적인 형태의 하나라고 볼 수 있다. 하지만 OJT는 구체적인 직무를 훈련시킬 때 구조화된 매뉴얼이 부족하다는 단점이 있다. 그래서 대안으로 등장한 것이 구조화된 OJT인 SOJT(structured on-the-job training)이다.

OJT 훈련은 직무훈련을 할 때 사용된다. 예수님이 현장에서 제자들을 가르치고 훈련하신 방식은 SOJT보다 OJT에 가깝다. 구조화된 매뉴얼이나 훈련 도구가 없었기 때문이다. 예수님의 가르침과 훈련 과정은 제자들을 통해 성경으로 기록되었다. 현대 교회는 성경과 다양한 훈련교재들을 통해 성도들을 가르치고 훈련시킨다. 이는 SOJT 방식이다. 하지만 현대 교회의 훈련 방식은 예수님처럼 현장의 경험을 중심으로 진행되기 보다는 교실 내 프로그램에 머무는 경우가 많다.

　기업의 교육훈련 대상에는 신입사원, 경력사원, 관리직, 임원 등이 있다. 관리직 이후의 교육훈련은 곧 리더십 훈련이라고도 할 수 있다. 리더십 훈련은 단순한 직무훈련이 아니다. 기업의 경영이념과 가치를 자신의 것으로 하여 이를 경영에 반영하는 훈련도 포함하는 것이다. 이런 측면에서 예수님의 제자훈련은 직무훈련뿐만 아니라 하나님 나라의 가치를 이어갈 리더를 훈련시키는 과정이었다. 따라서 전통적인 도제식 훈련을 리더십 훈련에 적용한 것이라고 볼 수 있다.

　그리고 교육훈련에는 개별 훈련과 소집단 훈련이 있는데, 예수님의 제자훈련 방식은 소집단 훈련 방식이었다. 경영학에서는 개인 맞춤형의 훈련인 개별 훈련이 교육효과가 더 높다고 평가하기도 한다. 하지만 예수님은 공동체 안에서 동역하는 것을 가르치기 위해 소집단 교육훈련 방식을 선택하셨다. 제자들이 소집단 훈련과정에서 발생하는 갈등과 경쟁을 직접 경험하며 성장하게 하신 것이다. 이 훈련들은 제자들이 훗날 하나님 나라를 확장시키고 교회를 이끌어 갈 때 생길 많은 일들을 대비한 것이다.

　기업경영 관점에서 볼 때 예수님의 제자육성 원리는 현장에서 경험을 통해 가르치고 배우는 OJT 도제식 훈련이었다. 또한 단순한 기능교육이 아니라 하나님 나라의 원리와 가치를 배우고 계승하게 하기 위한 소집단 기반 리더십 훈련이었다. 기업은 특정 직무를 잘 수행하는 직원도 필요하지만 기업의 핵심가치를 이어갈 인재도 육성해야 한다. 기업의 사명, 비전, 핵심 가치를 계승할 수 있는 인재를 찾아 육성해야 창업정신이 계승될 수 있다. 따라

서 기독경영을 실천하려는 경영자들은 예수님의 제자육성 원리를
잘 이해하고 적용해야 한다.

## 3. 기업 사례

### 1) 네패스의 감사경영

네패스의 감사 경영은 제자육성에 있어서 은혜의 원리를 기업
현장에 적용한 사례이다. 제자들은 예수님의 은혜에 감사하는 마
음으로 자신들의 삶을 하나님 나라 확장에 헌신했다. 네패스의
감사경영도 회사의 은혜에 대한 감사를 직원들 마음 속에 키우고
자 했다. 네패스 이병구 회장은 마음경영이 혁신과 창조의 바탕
이 된다는 확신을 갖고 있었다. 그래서 직원들의 마음 근육을 긍
정적으로 단련하여 만족과 행복을 증진하고 이를 통해 조직의 성
과를 높이고자 하였다. 이것을 이루기 위한 방법으로 사내 교육
과 감사 증진 프로그램을 실천했다. 감사경영의 실천은 감사진법,
노래교실, 독서토론으로 구성된다. 구체적 실천 방법은 337라이
프로 하루 세 번 좋은 일하기, 하루 세 곡의 노래 부르기, 7가지
감사편지 쓰기이다. 그리고 이 프로그램은 의무가 아닌 직원들의
자발적 참여로 이루어진다.

### 2) Y마트의 '직원을 점포 사장으로' 육성 방식

Y마트는 전남 영암 출신 김성진 회장이 1993년 광주광역시 북
구 용봉동에 리어커 점포를 열면서 시작된 지역기반 할인마트이

다. 지역 생산업자들과의 상생을 추구하는 지역 기반 경영으로 우수한 품질의 제품을 저렴한 가격에 판매하면서 지속적으로 성장하고 있다. 2019년 기준으로 전남, 전북, 대전, 제주 등에 110개의 점포를 보유하고 있다.

이마트, 롯데마트와 같은 대형마트들이 온라인 소매상과 소비자 구매 패턴의 변화로 어려움을 겪고 있는 가운데서도 Y마트는 식자재 마트 등 점포를 오픈하면서 지속적으로 성장하고 있다. 수도권에 매장을 오픈하려는 계획도 있다. 지역 마트가 수도권에 진출하는 보기 드문 사례이다.

2020 Y마트의 비전은 150호 점포 오픈, 매출 8,000억, 직원 2,500명, 이용고객 200만명을 목표로 하고 있다. Y마트의 성공요인은 여러 가지가 있지만 독특한 점포 사장 육성 방식이 핵심이다. Y마트는 110개 매장 중 106개 매장을 독립된 사장이 운영하고 있다. 그리고 이 사장들은 Y마트 직원 출신이다. 입사 후 Y마트가 제시한 기준에 따라 2~3년 근무하고 일정한 금액을 저축하면 점포를 낼 때 매칭 자금을 무이자로 대출해 주며 은행 대출 보증도 해준다. 이를 기반으로 매장을 연 직원들은 해당 점포를 소유한 사장이 된다. 그리고 Y마트 본부가 보유한 시스템을 통해 제품을 공급하여 시너지를 창출한다. Y마트 직원들에게는 일을 하며 훈련과정을 통과하고 우수 직원으로 선발되면 점포 사장이 될 수 있는 기회가 있는 것이다.

P 사장은 30대 초반에 매출 20억의 도매 식자재 마트를 경영하고 있다. 지방대 출신의 그는 원하는 대학에 가지 못해 자존감이 낮고 전공에 대한 흥미도 없어 두 번의 학사경고를 받아 취업이

어려운 학생이었다. 그러나 Y마트에서 아르바이트생으로 시작하여 점포 사장까지 되었다.

Y마트의 점포 사장들은 입사 때부터 김성진 회장으로부터 새벽에 도매상에서 과일을 고르는 것부터 배우는 도제식 훈련을 통해 성장해 온 직원들이다. 어려운 상황에 있던 직원들이 경제적 기반을 갖춘 사장으로 거듭나고 있다.

Y마트는 현장에서부터 시작하는 도제식 훈련을 통해 Y마트의 창업정신을 체득한 경영자들을 키워내고 있다. Y마트는 지역 사회에 공헌하기 위해 재단도 설립하였는데 점포 사장들이 자발적으로 재단 기부에 참여하고 있다.

## [Y마트 점포 사장 사례]

- 조* (46, 신창점 사장) : 캐리어 구조조정 실직, 만 3년만에 신규 출점, 신규 출점 후 5년만에 40억원 상당 상가건물(광주 월남지구) 신축

- 이*민 (48, 수완점 사장) : 신용거래 불량, 3년간 구두닦이, 공판장 하역 일부터 시작

- 김*환 (36, 목포점 사장) : 집행유예 중 회사 입사, 재사회 적응 모델, "4~5개월간의 재판 중인 집행유예를 받은 저를 누가 받아줄 수 있겠습니까? 저를 받아준 것만으로도 고마운 일이죠! 그런데 이제는 사장까지 시켜주시니…."

- "Y마트는 나를 포함해서 다들 잘나지 않았다. 스펙이 없더라도 마이너리거들의 반란을 일으킬 수 있는 기회의 장이 되었으면 좋겠고, 점포 사장들이 내가 손을 내밀어준 것처럼 각

자 2명씩에게만 손을 내밀어 주었으면 좋겠다." (대표이사 송
년회 발언문)

Y마트가 직원들을 훈련시켜 점포 사장이 될 수 있도록 하는 육
성전략을 선택한 것은, 이 방식이 직영점이나 프랜차이즈 형태의
점포 운영 방식보다 높은 성과가 나타나고 사람과 사회가 변하는
일이 일어나는 것을 보았기 때문이다. 하지만 Y마트도 환경의 도
전에 직면하고 있다. 다양한 온라인 소매상들과 경쟁하고 있으며,
고객들의 요구도 점점 더 까다로워지고 있기 때문이다. 또한 지
금까지 유지해온 점포 사장들의 유대와 네트워크를 지속적으로
강화하고 유지하는 것이 숙제이다.

이와 같은 Y마트의 점포 사장 육성 방식은 예수님의 제자 육성
방법과 유사하다. 현장에서 도제식으로 경험하게 하여 긴 시간을
지켜보고 연단한다. 스스로 저축하여 사업 자금을 마련하도록 하
면서도 기업에서 무이자 대출과 은행 보증 등을 통해 사업을 시
작할 수 있는 기반을 제공해 준다. Y마트에서 성공한 점포 사장
들은 회사에 대한 감사하는 마음을 가지고 있으며 자발적으로 어
려운 이웃들과 젊은이들을 돕는 사회 공헌 활동에 참여하고 있
다. 자신들이 받은 많은 은혜와 혜택을 갚으려는 것이다.

### 3) SEAM(social entrepreneurship and mission)센터를 통해 사회적 기업가를 키우는 임팩트스퀘어

임팩트스퀘어는 사회적 가치를 창출하는 사회적 기업으로서의
비전과 소셜벤처를 키우고자 하는 비전을 동시에 가지고 2010년에

창업된 기업이다. 초기에는 사회가치 평가에 대한 일을 하였으며 현재는 크게 세 가지 사업 영역을 지니고 있다. 소셜벤처 엑셀러레이션, 컨설팅과 연구, 사회적 기업과 소셜벤처를 위한 인프라 제공이다. 사회적 기업가를 키우려는 데 주로 초점이 맞춰져 있다.

초기에는 기독 사회적 기업가를 별도로 키우지 않았으나 2017년부터 사회적 기업가 육성 센터인 SEAM센터를 운영하고 있다. 지상 3층 지하 1층의 건물이며 2-3층은 셰어하우스이다. 기독 사회적 기업가를 꿈꾸는 청년들이 모일 수 있는 공간을 제공하고 별도의 훈련 프로그램을 운영하고 있다. 기독 청년들에게 최소한의 생활비를 제공하면서 사회적 기업가로서 필요한 훈련을 제공하고 있다. 더불어 신앙인으로서 필요한 훈련도 한다. 이를 위한 임팩트스퀘어에서 쓴 책이 '소명'이다.

이와 같이 임팩트스퀘어는 별도의 공간과 프로그램을 통해 기독 사회적 기업가들을 육성하려는 노력을 하고 있다. 이러한 노력은 인재 육성의 원리를 잘 보여주고 있다. 예수님의 인재육성 원리처럼 삶 속에서 같이 동고동락하며 삶 속에서 실제적인 훈련을 하고 있다. 경영기법에 대한 훈련만 하는 것이 아니라 내면과 외면을 모두 훈련하는 소집단 훈련이다.

## 4) 5대째 가족경영을 이어가는 스웨덴의 발렌베리 가문

발렌베리 가문은 1856년 앙드레 오스카 발레베리가 스톡홀롬 엔길다(SEB)를 설립하면서 시작된 스웨덴에서 가장 유명하고 존경받는 경영가문이다. 150여년 동안 5대째 가족 경영을 이어오고 있으며 발렌베리 재단과 지주 회사인 인베스터를 통해 14개 대기업을 경영하고 있다. 발렌베리 재단이 경영하는 기업에는 에릭슨(Erricson), 사브(SAAB) 등과 같은 세계적인 기업이 있다. 발렌베리 재단 기업들은 스웨덴 GDP의 1/3을 담당하고 있다.

발렌베리 재단은 지주회사인 인베스터를 통해 산하 기업들의 지분을 소유하고 있다. 따라서 자연스럽게 기업의 이익금이 재단에 유입되고 이것은 스웨덴의 과학 기술 분야 등 국가 발전을 위한 여러 곳에 사용된다.

스웨덴 정부는 이러한 발렌베리 가문의 경영권 유지를 위해 법으로 주식의 차등 의결권을 부여했다. 발렌베리 가문도 이사회에 노조 대표를 참여시키고 산하 기업의 전문경영인을 육성하는 등 사회적 책임 활동에 적극적으로 임해 왔다. 하지만 글로벌 기업 환경이 급변하고 IT, 5G 등의 혁신 산업이 등장하는 가운데 산하 기업들의 실적이 악화되어 과거 경영방식에 안주하고 있다는 비판도 있다.

이러한 발렌베리 가문의 경영방식을 가능하게 하는 힘의 원천은 5대째 이어온 경영철학과 경영방식을 운영하는 후계자들이다. 발렌베리 재단의 후계자가 되기 위해서는 까다로운 자격 요건을 갖춰야 한다. 발렌베리 가문은 후계자들에게 '스스로 자신의 능력을 증명하라'고 요구한다. 4가지 자격 요건이 있다. 첫째, 스스로의 힘으로 명문대를 졸업해야 한다. 둘째, 해군 장교로 복무해 강한 정신력을 길러야 한다. 셋째, 부모의 도움 없이 세계적인 금융 중심지에 진출해서 일해야 한다. 넷째, 실무 경험을 쌓고 국제금융 흐름을 익혀야 한다.

현재 발렌베리 재단을 이끌고 있는 마르쿠스 발렌베리도 스웨덴, 독일, 영국, 홍콩, 미국 등지에 거주하며 은행과 임업회사에서 14년간 근무 경력을 쌓은 후에 지주회사인 인베스터에 입사할 수 있었다. 스웨덴 국민들은 발렌베리 가문의 후계자들이 어릴 때부터 체계적인 훈련을 받아 왔음을 알고 있기 때문에 발렌베리 가문의 기업경영을 인정하고 존중한다.

발렌베리 가문은 재단과 지주회사를 통해 산하 기업들의 이사회에 참여하여 발렌베리 가문의 경영철학과 경영방식에 기초한 경영 방향을 제시한다. 이를 적극적 주인 의식이라고 부른다.

발렌베리 재단은 각 기업에 유능한 경영자들을 육성하고 추천한다. 하지만 각 기업의 경영은 전문 경영인들이 독립적으로 수행할 수 있도록 한다. 개별 기업의 세부 경영에 대해서는 전문 경영인의 독립성을 인정하고 보장해주는 것이다. 대신 재단은 이사회에 참여하는 방식으로 경영에 참여한다. 발렌베리 가문은 "우수한 경영자가 우선이며, 기업은 그 다음이다. 최고의 리더가 개선할 수 없는 나쁜 기업은 없으며, 최악의 리더가 망치지 못할 좋은 기업도 없다."와 같은 신념을 밝히며 주주로서 탁월한 경영자를 육성하고 추천하는 통제력을 발휘하고 있다.

이와 같이 발렌베리 가문은 뛰어난 능력과 자질을 갖춘 경영자가 유망 사업을 발굴하고 이끌도록 해야 한다는 경영철학을 가지고 있다(이지환, 2006, 경영교육연구). 그리고 발렌베리 가문은 '견제와 균형'을 위해 2명의 후계자를 세운다. 가문의 5대 경영자로는 마르쿠스와 제이콥을 세워 각각인베스터의 CEO와 이사장직을 맡게 하였다. 서로 보완하면서 발렌베리 재단의 기업들을 이끌어 가도록 하는 것이다.

이와 같은 발렌베리 가문의 후계자 육성 방식도 예수님의 제자 육성 원리와 유사한 점이 있다. 가문의 장자라고 무조건 후계자가 되는 것이 아니라 현장에서 오랜 기간 동안 경험을 쌓아야 한다. 이 과정에서 사회의 다양한 사람들과 함께 일하는 법을 배우고 느끼게 된다. 이렇게 성장한 발렌베리 가문의 후계자들은 국민들로부터 신뢰를 받고 선대들의 경영철학과 가치를 이어가기 위해 노력하며 사회공헌 활동에 적극적으로 참여한다.

## 4. 결론 및 시사점

성경적 경영을 실천하는 기독경영자가 생각해야 할 것은 기독경영 정신이 자신의 대에서 끝나지 않고 기업의 전통과 역사 가운데 지속적으로 계승되도록 하는 것이다. 이는 일반 경영자들도 중요하게 여기는 부분이다. 그들은 기업문화, 지분 소유, 혈연, 조직구조 등을 통해 기업의 소유와 창업 정신을 이어가려고 한다. 그러나 기독경영자들은 기독 경영 정신을 이어가기 위해 예수님이 행하셨던 제자 육성 원리를 배워 적용해야한다. 마태복음에 나타난 예수님의 제자 육성 원리와 기존 기업들의 사례를 통해 몇 가지 지침을 얻을 수 있을 것이다.

첫째, 기독경영 정신을 이어갈 경영자의 자격을 명확히 하고 선발해야 한다. 예수님은 사회적 배경과 자질만으로 제자들을 선발하지 않으셨다. 내면의 동기와 헌신을 보고 제자들을 부르셨다. 예수님은 제자들의 순수한 동기, 열정, 헌신 등을 보셨던 것 같다.

발렌베리 가문은 후계자가 되기 위한 단순하고 명확한 자격 요건을 가지고 있다. Y마트도 스스로 절약하여 자금을 마련하고 성과를 나타낸 직원들에게만 점포사장의 기회를 주었다. 기독경영을 실천하는 기업들은 종교적 용어를 사용하지 않더라도 차세대 경영자가 되기 위한 자격 요건을 제시해야 한다. 기독경영자도 자신의 경영이념에 따라 자격요건을 정하고 제시해야 하는 것이다.

둘째, 기존 경영자와 함께 현장에서 오랫동안 경험을 쌓는 방식으로 경영 제자를 훈련해야 한다. 예수님은 제자들을 선발하고 3년간 현장에서 함께하고 그들에게 지상 사명을 위임하셨다. 기업경영에서는 외부에서 유능한 인재를 영입할 수 있다. 그들은 기업의 활력소가 될 수 있다. 하지만 기독경영 정신을 이어갈 경영자는 현장에서 오랫동안 함께 일하면서 기독경영 정신을 이해한 인재여야만 한다. 발렌베리 가문의 후계자, Y마트의 점포 사장, 유한양행의 전문경영인들 모두 기업 현장과 가족 내에서 오랫동안 기업정신과 이념을 배우고 경험한 사람들이다. 이러한 인재들에 의해 기업의 창업 정신, 가치, 이념들이 계승되고 있다.

셋째, 함께 일하고 협력하는 소집단 훈련이 필요하다. 예수님은 소집단으로 제자들을 훈련하여 갈등을 극복하고 공동체를 함께 이끌어가는 훈련을 시키셨다. 발렌베리 가문은 두 명의 후계자를 세워 서로 보완하고 협력하도록 이끈다. 기업구조에서도 전문경영인들과 역할 분담을 하도록 하였다. 유한양행은 위원회를 통해 집단 의사결정하는 문화를 훈련하고 만들었다. Y마트는 점포 사장의 독립경영을 보장하지만 전체 점포가 협력하도록 본부에서 조정하는 역할을 하고 있다. 사람은 누구나 약점과 죄성이 있다. 따라서 기독경영자는 소집단을 통해 훈련 받아 함께 일하는 법과 의사결정 방법을 배워야 한다.

마지막으로 은혜에 대해 감사하는 마음을 훈련하는 것이다. 이는 외형적 훈련만으로는 불가능하다. 신실한 기독경영자와 함께 시간을 보내며 배우고 경험하는 과정에서 생기게 된다. 예수님의 제자들은 예수님 승천 후 많은 고난 속에서 사역하였다. 하지만 십자가 대속 이전처럼 엉뚱한 방향의 이야기나 행동을 했다는 기록이 없다. 대부분 순교하였고 하나님 나라와 교회를 위해 자신의 삶을 드렸다. 이는 예수님께서 보여주셨던 사랑과 은혜에 대한 감사와 소망이 있었기 때문일 것이다. 베드로는 예수님을 세 번이나 부인했지만 초대교회의 반석이 되었다. 전설에 의하면 예수님과 같은 방식으로 죽을 수 없다고 하여 십자가에 거꾸로 못 박혀 순교했다고 한다. 베드로의 유언과도 같은 베드로후서의 마지막 구절도 예수님의 은혜에 대한 이야기로 끝난다.

발렌베리 가문의 후계자와 스웨덴 정부, 일반 국민, 노동자들은 서로 신뢰하며 상호 유익을 끼치는 주체들이라고 스스로 생각한다. 스웨덴 국민들은 발렌베리 가문이 스웨덴 발전에 기여한 것에 감사하고 있고 발렌베리 가문은 국민들에게 고마운 마음을 사회공헌으로 보답하고 있다. Y마트 점포 사장들도 자신들이 받은 은혜와 혜택을 생각하며 사회공헌 활동에 기꺼이 동참하고 있다. 유한양행의 전문경영인들도 유일한 박사와 함께 하며 배웠던 교훈과 가르침을 마음에 새기며 경영활동에 임했다. 이러한 은혜에 대한 감사의 마음이 기독경영자를 육성하는 과정에서 길러지는 것이 중요할 것이다.

## ☑ 실천지침

1. 기업이 추구하는 정신을 이어갈 인재는 현장에서 오랜 시간 배우고 경험하는 과정이 필요하다. 어떤 것을 경험해야 할지 구체화해 보도록 하자.

2. 기업정신을 계승하려면 경영자가 대상자와 함께 경영 현장과 삶을 공유하는 것이 중요하다. 어떤 현장과 시간을 공유할 수 있는지 정해보자.

3. 기업정신을 계승할 인재를 선발할 때 어떤 기준이 적절할지 정해보자.

4. 기업정신을 계승할 인재의 내면에 어떻게 감사의 마음을 키울 수 있을지 방법을 모색한다.

5. 기업정신을 계승하기 위해 특정 인재를 선발하고 육성하면 다른 구성원들이 위화감을 느낄 수 있는데 이를 극복할 방법을 모색한다.

## ☑ 토의주제

1. 기업정신을 계승할 인재를 양성하는 것이 왜 중요한지에 대해 논의해보자.

2. 나는 어떻게 기업정신을 계승할 인재들을 육성하고 있는지 평가해보자.

3. 기업정신을 계승할 인재를 양성하고 있는 기업들의 사례를 보고 나에게 주는 시사점을 생각해보자.

4. 마태복음의 제자육성 원리에 비춰볼 때 나와 내 조직은 어떤 점이 부족한지 생각해보자.

5. 마태복음의 제자육성 원리를 어떻게 나와 내 조직의 인재육성에 적용할 수 있을까?

# 9

위임의 원리와

# BAM (Business As Mission)

＂

- 예수께서 나아와 일러 가라사대 하늘과 땅의 모든 권세를 내게 주셨으니 그러므로 너희는 가서 모든 족속으로 제자를 삼아 아버지와 아들과 성령의 이름으로 세례를 주고 내가 너희에게 분부한 모든 것을 가르쳐 지키게 하라 볼지어다 내가 세상 끝날까지 너희와 항상 함께 있으리라 하시니라

(마태복음 28:18~20)

＂

코로나19 이전부터 세상은 빠르게 변하고 있었다. 국내적으로 는 한 번도 겪어 보지 못한 초고령화 사회와 인구 절벽, 회복되기 어려울 것 같은 재난 수준의 경제적 위기가, 국제적으로는 힘의 논리를 바탕으로 한 무한경쟁 속에서의 전쟁, 기후변화에 따른 천재지변, 종교 갈등 및 대형 난민 발생 등의 어려움이 있었다. 이러한 상황들은 코로나19의 상황과 뒤범벅되어 우리의 일상을 변화시키고 있다. 게다가 초연결성, 초지능성, 그리고 예측 가능 성을 주요 특징으로 한 4차 산업혁명이 이 세상을 어떻게 변화시 켜 나갈지 기대와 염려가 공존하고 있다. 분명한 사실은 이러한 미래 변화에 대비하고 준비하지 못한 국가, 기업, 단체 등은 빠르 게 쇠퇴하고 역사의 한 페이지로 사라질 것이고 그 반대의 경우 에는 큰 기회를 얻게 될 것이다. 한국교회와 크리스천 경영자들 도 이러한 변화에서 예외일 수는 없다. 과연 우리는 변화와 위기 에 얼마나 대비하고 있으며 얼마나 준비되어 있는가?

결론적으로 너무 절망할 필요도 지나치게 낙관할 필요도 없다. 돌이켜 보면 기독교 공동체는 언제나 변화의 선봉에 있었기 때문 이다. 본질적으로 기독교가 꿈꾸는 하나님 나라의 비전은 세상을 변혁하고 이끄는 원동력이었다. 4차 산업혁명이 강조하고 있는 자기 파괴와 혁신, 영역 파괴와 새로운 융합은 본래 기독교의 본 질 속에 있다. 우리가 믿는 하나님은 하늘의 영역을 고집하지 않 으시고 스스로 성육신하시어 인간이 되시고 하늘과 땅의 융합을 이루신 분이다. 오순절 성령과의 연합을 체험한 초대교회는 유대 인과 이방인, 남자와 여자, 주인과 종이 하나가 되는 기존 세상에 없던 하나님 나라를 만들어 갔다. 처음 한국에 들어온 기독교도

서양과 한국, 양반과 상민, 남자와 여자, 배운 자와 그렇지 않은 자의 담을 헐고 한국에 없던 대안 공동체를 형성했었다.

그렇다면 21세기 새로운 환경에서 일하는 기독경영자의 현장인 일터는 과연 어떤 존재 의미가 있는 것인가? 변화에 밀리고 현실에서 사라지는 조직이 될 것인가, 아니면 시대를 이끄는 새로운 미션의 주인공이 될 것인가? 중요한 것은 이러한 때일수록 하나님 나라의 비전을 분명히 하고, 현실에 안주하지 않으며 세상에 하나님 나라를 확장해 나가는 노력을 부단히 해야 한다는 것이다. 이러한 적극적인 일터 신앙의 실천적 방법론이 바로 BAM(Business As Mission)이며 이는 현대 선교학의 주요 흐름이자 이슈로 자리매김하고 있는 총체적 선교, 선교적 교회론(Missional Church)과 연결되어 진다.

## 1. 성경의 원리

예수님은 부활하신 후 하늘로 올라가시기까지 40여 일간 지상에 계시면서 자기를 나타내시며 제자들에게 부활 신앙의 확신을 주셨고 제자들의 믿음을 견고케 하셨다. 주님은 갈릴리에 가서서 주님이 명하신 산에 이르러 그의 제자들에게 지상 명령을 내리셨고 제자들은 이 같은 예수님의 명령에 순종하여 하나님의 말씀을 권위 있게 가르치며 세례를 주었다.

18. 예수께서 나아와 말씀하여 이르시되 하늘과 땅의 모든 권세를 내게 주셨으니

19. 그러므로 너희는 가서 모든 민족을 제자로 삼아 아버지와 아들과 성령의 이름으로 세례를 베풀고

20. 내가 너희에게 분부한 모든 것을 가르쳐 지키게 하라 볼지어다 내가 세상 끝날까지 너희와 항상 함께 있으리라 하시니라 (마태복음 28장)

예수님은 하늘과 땅의 모든 권세를 내게 주셨다고 하셨다. 이 권세는 원래부터 주님의 것이었는데 사람의 모습으로 이 세상에 내려오심으로 얼마간 유보되었던 것이다. 예수님은 성자 하나님이시면서도 스스로 종의 자리로 내려오셨기 때문에 권세를 사용치 않으신 것이다. 그러나 주님이 사역을 다 마치시고 부활하셨으니 그 권세는 다시 주님께 돌아감이 당연하다.

예수님은 "그러므로 너희는 가서" 라고 말씀하셨다. 이제 주님의 명령은 이 지상에 계셨던 때와는 다르다. 예수님은 하늘과 땅의 모든 권세를 가지신 하나님으로 명하시는 것이다. 너희는 가라고 하셨다. 이것은 주님이 우리를 그의 전권대사로 세상에 보내시는 명령인 것이다. 주님은 그의 제자들에게 "아버지께서 나를 보내신 것 같이 나도 너희를 보내노라" 고 말씀하셨다(요20:21). 예수님은 그의 제자들을 이제 그의 하나님된 명령으로 세상에 보내신다고 하셨던 것이다. 이것은 마치 아버지께서 그 아들을 이 세상에 보내신 일과 같은 뜻으로 하신 말씀이다.

모든 족속으로 제자를 삼으라고 하셨다. 모든 족속이란 유대인의 범위를 넘는 모든 인류를 뜻한다. 그들을 예수님의 제자로 삼

으라 하신 것이다. 복음을 믿는 사람은 모두 주님의 제자가 되어
야 한다.

"내가 너희에게 분부한 모든 것을 가르쳐 지키게 하라"고 하셨
다. 주님의 말씀을 가르치라고 하신 것이다. "아버지께 듣고 배운
사람마다 내게로 오나니"라고 하신 말씀대로 주님의 말씀을 가르
치지 않으면 사람들에게 믿음을 줄 수 없다. 지키게 하라는 것은
말씀을 순종하게 하라는 것이다.

예수님은 그의 제자들에게 분명한 약속을 주셨다. 그것은 "세
상 끝날까지 너희와 항상 함께 있으리라"고 하신 말씀이다. 이 약
속은 우리에게 무한한 격려가 되며 복음을 담대히 전파할 수 있
는 힘이 된다. 그리고 우리가 복음을 전하는 모든 능력의 출처가
어디인지를 알려 주신 것이다. 우리는 지금 이 시간에도 예수 그
리스도께서 나와 함께 하신다는 것과 갈릴리의 어느 산에서 그의
제자들에게 말씀하신 그 명령을 우리가 이행할 것을 바라신다는
것을 알아야 한다.

하나님은 스스로 계신 분이며 부족함이 없으신 분이다. 그분에
게는 완전한 뜻이 있다. 성경을 통해 나타나는 그분의 뜻은 우주
의 창조와 타락한 인간과 피조세계의 구속임을 알 수 있다. 인간
에게 적용한다면 그분의 사명이라고 할 수 있을 것이다. 알파와
오메가이신 하나님은 창조부터 구속까지 그분의 사명에 한 순간
도 소홀한 적이 없으셨다. 우리는 예수님의 십자가 수난을 통하
여 그분의 사명을 향한 뜨거운 열정을 보았고, 오늘날도 그 열정

은 문화명령과 지상명령을 통해 보혜사 성령의 인도하심과 크리스천들의 순종과 헌신으로 실현되고 있다. 이것은 때가 차서 다 이룰 때까지 중단 없이 계속될 것이다. 그러므로 우리는 눈 앞의 부조리와 불의한 현실 앞에서 쉽게 좌절하지 말아야 하며 우리의 사명에 끝까지 충실해야 한다.

## 2. 경영 원리

성경적 진리를 삶의 현장에 적용할 때 늘 생각하는 주제는 '신앙과 일'(faith & work)이다. 삶의 가장 많은 영역을 차지하는 일터는 하나님의 문화 명령(창 1:28), 이웃 사랑과 복음 전파(마 28:18~20)가 이루어지는 현장이다.

하나님 앞에서 사제와 가정부의 노동은 모두 거룩한 노동이라고 외쳤던 마틴 루터의 만인제사장적 직업소명설과 이를 바탕으로 근면, 절제, 저축을 강조한 칼빈의 신학은 막스베버의 "프로테스탄티즘과 자본주의 윤리"에 영향을 미쳤다. 이는 자본주의의 발전과 현실 경영 현장에 탁월한 방향과 비전을 제시하였고, 개혁주의 신앙은 모든 직업은 하나님의 '소명'임을 강조하며 일터 영성의 중요성을 다양한 예를 들어 설명하게 되었다.

영국 사회의 변화를 이끌었던 존 웨슬리는 성화를 "개인적일 뿐 아니라 사회적이며, 생활의 성결 곧 성육신적 요소로 세속에서 분리된 성별의 힘을 갖고 세속을 찾아가는 성육신적 참여에 해당하기에 사랑의 적극적 행위를 세상 속에 실천해 빛과 소금이 되는 것"이라고 설명했다. 사랑의 실천, 즉 고아와 과부, 장애인과 가난한 사람을 섬길 것을 소그룹 설교에서 강조하였다.

웨슬리의 표현에 의하면 교회의 머리이신 예수 그리스도는 세상의 모든 불의와 악의 근원인 죄의 문제를 십자가에서 해결하고 인류 평화의 길을 열어 놓으셨다. 뿐만 아니라 성서에 기록된 수많은 구원의 경험과 약속은 인류사회에 하나님 나라의 공의, 자유, 평등의 기본가치를 보증하고 있다. 이처럼 성서가 보증하는 개인의 자유와 평등, 하나님 나라의 공의와 구원이라는 가치를 세상 속에서 구현하기 위해 교회가 사회의 책임 있는 일원이 되어 중보자의 역할을 해야 한다. 이는 너무 합당한 것이며 성서의 진리를 믿고 하나님 나라를 소망하는 모든 그리스도인의 신앙고백적 귀결이다.

최근 웨슬리의 사회적 성화의 실천 중 돈의 소유 개념, 형성과정, 돈을 소비하고 나눠 줄 수 있는 영역이 강조되고 있다. 한국 사회 특히 경영의 현장에서 기존과 다른 근본적 변화의 기류가 감지되고 있는 것이다.

오늘날 전 세계 기업들은 경제적 가치 창출만으로는 사회적 정당성을 인정받지 못하는 현실에 직면하게 되었다. 자신을 둘러싼 환경과 동떨어진 사회적 준거와 공동체의 원리에 어긋나는 기업은 생존 불가능하다는 것이 확인되는 것이다. 따라서 사회가치경영에 대한 관심이 높아지고 있다.

마이클 포터(M. Porter) 교수는 전략적 CSR을 발전시켜 2011년도에 공유가치 창출(CSV)을 주장했다. 경제적 가치 추구와 함께 사회적 가치 추구의 필요성도 얘기함으로 경영전략의 맥락 속에서 기업의 본업과 연결된 사회공헌 활동, 핵심역량과 연결된 사회 가치 추구 등이 논의되는 진전이 있었다. 기업의 부차적 활동이 아닌 경영전략의 핵심 아젠다로서 사회적 가치가 자리잡는 효과가 있었던 것이다.

그러나 CSV는 기업 전략적 관점에서만 충실하여 역시 경제적 이해를 우선한다는 비판이 있다. 또한 CSV는 현실적으로 실천하기 어렵다는 반응을 받았다. 이는 기업 핵심역량과 긴밀히 연결되어 경제적 가치와 사회적 가치를 함께 창출할 수 있는 영역이 협소하여 이를 찾아내기가 쉽지 않다는 시각도 있다.

이에 대해 김세중 교수는 공유가치 창출은 그동안은 단지 구제의 대상으로 여겨지며 시장이라고 인정받지 못했던 사회적 경제를 이제 하나의 시장으로 포용하고 빈곤층, 소외계층을 기업의 핵심역량인 제품과 서비스의 공급을 통해 고객으로 섬기고 발전시킨다는 전략적 확장의 개념이라고 볼 수 있다고 한다.

국제적으로는 원조와 함께 민관협력 투자가 요청된다. 그러기 위해서 기본 기능을 유지하면서도 초저가의 가격 목표와 원가절감을 달성한다. 그리고 이것을 달성하기 위해 자연스럽게 가치사슬의 혁신이 일어나게 되고, 생산성 향상을 위해 산업단지가 형성됨으로, 낙후되었던 지역의 사회경제적 인프라 조건이 근본적으로 향상된다. 결과적으로 커다란 경제적 가치와 함께 사회적 가치가 창출되는 것이다.

예를 들어 네슬레가 커피나 낙농 재배단지를 조성하여 농부들에게 수확법을 가르치고 집하, 저장, 냉장 시설을 설치하고 물류를 지원한 결과, 고품질의 제품을 얻고 농가소득도 일반 CSR의 공정무역의 수준(10~20% 향상)을 훨씬 넘어 300%의 향상을 기록

한다. 이로 인하여 지역사회의 삶의 질이 혁신되는 것이다.

그러나 이와 같은 정도의 CSV를 수행하는 데는 지역에 대한 상당한 규모의 사회적 자본투자가 수반되기 때문에 다국적 기업이나 대기업 외의 일반 중소기업 입장에서는 이행하기가 쉽지 않다. 따라서 일반 기업들에게는 기존의 CSR을 전략적으로 수행하면서 그중 가능성 있는 프로젝트의 특정한 제품과 서비스를 택하여 가치사슬을 혁신하고 지역사회에 투자하는 CSV의 실행방법이 권고된다.

CSR과 CSV의 핵심적인 차이는 혁신이 있느냐 없느냐에 있다고 할 수 있다. CSR은 기존의 가치사슬로 이익을 낸 다음 사회적 가치로 나누는 개념이지만, CSV는 기존의 가치사슬을 혁신하여 새로운 가치사슬을 통해 훨씬 더 큰 경제적, 사회적 가치를 창출하기 때문이다. 혁신과 투자가 수반되기에 기업들이 하기에는 부담이 되고 어렵다는 평가가 나오지만, 임팩트의 차원이 지역사회를 근본적으로 변화시킬 정도로 크기 때문에 힘들어도 그 가치는 상당하다고 볼 수 있다. 이는 사회적 자본투자로서 사회변화에 기여하는 기회이기에 대기업이라면 어렵다는 평계로 회피하지 말 것을 권면한다. 농촌지역에 대한 대규모 투자인 네슬레의 집하농장이나 CJ제일제당의 베트남 고추농장 프로젝트 같은 CSV전략은 아주 효과적인 BAM을 연상시키게 된다.

사회적 가치가 경제적 가치를 포괄하는 상위개념이라는 이해를 정부나 일부 기관들이 가질 수 있다. 즉 경제적 가치도 역시 사회적 가치의 일부라고 보는 것이다. 결국 사회적 가치는 경제적 가치도 포함하고 있다는 것인데 이는 역사적 학문적으로 사회학,

정치학 등에 기반하여 공공성을 강조하기 때문에 나타나는 입장이다. 결국 민간영역과 공공부분 모두에서 사회적 가치에 대한 논의는 발전하고 있으며 그 내용도 매우 다양해지고 있음을 확인할 수 있다.

김재구 교수는 2018년에 들어서서 사회적 가치를 추구하는 경영은 경제적 가치와 사회적 가치를 동시에 추구하는 사회가치경영(Social Value-based Management) 모델로 나아가고 있다고 말한다. 사회문제 해결을 위해 비즈니스 모델을 만들고 고객 요구를 해결하면서 경제적 가치 창출은 물론 CSR3.0으로 사회적 가치를 창조하는 기업경영을 지향하고 있음을 강조하였다. 앞으로 이 흐름은 경제적 가치뿐 아니라 사회적 가치를 추구하는 국내외 BAM 현장의 특성상 긍정적으로 작용할 확률이 매우 높다고 하겠다.

한편 나우미션 송동호 대표는 전통적인 틀에서 볼 때 BAM은 새로운 패러다임을 가진 선교전략이자 선교운동이라고 강조하며 과거 선교의 역사 속에 존재하던 사실과 그 특징에 대해 역사적 과정과 잠재적 가능성을 통해 다음과 같이 설명하고 있다.

첫째, BAM은 문화명령과 대위임령이 통합된 결과이다. 선교역사 속에서 문화명령과 대위임 명령은 우리들의 중요한 두 가지 과업이었다. 하나님의 나라와 그 영광의 충만을 위하여 더 이상 '둘 중 무엇이냐(either or)가 아닌 상호 약점을 보완하는 '둘 다'(both and)라는 필요로 통합된 것이다. BAM의 등장은 21세기 통합의 시대사조와 더불어 문화명령과 지상명령을 함께 수행하는 보다 총체적인 통합적 선교전략이며 선교운동이라 볼 수 있다.

둘째, BAM 운동은 남은 과업을 위한 전략적 선택의 결과이다. 이슬람권, 공산권과 같은 선교 제한 지역들이 전략적 재배치 및 창의적 접근 전략을 요청하고 있다. 세계선교의 남은 과업인 것이다. 이에 대한 선교전략을 고민할수록 BAM 사역은 가장 분명한 대안으로 여겨지게 된다.

셋째, BAM은 복음의 가시성 요구에 대한 응전의 결과이다. 포스트모던 가치가 판을 치는 다원주의 세상에서 절대적 진리는 거부되고 절대적 복음은 위협받고 있다. 세상은 이제 둘로 나뉜다. 하나는 복음진리를 절대적인 것으로 믿는 기독교이고 다른 하나는 복음진리를 전적으로 거부하는 반기독교이다. 마치 중간지대는 없는 듯하다. 절대다수를 이루는 한국사회의 반기독교세계는 더 이상 교회로부터 어떤 이야기도 듣지 않으려고 귀를 막았다. 우리가 이제 세상을 우리들의 말로 감동시키기에는 불가항력이므로 선교적 삶과 운동으로 실천해야 한다.

넷째, 직업소명과 선교소명 통합의 대안이 BAM이다. 직업소명과 선교소명의 통합을 가르치는 일은 매우 중요하다. 교회는 영적인 삶과 비즈니스가 통합된 삶을 성도들에게 제시해야 할 필요에 직면했다. 모든 성도는 누구나 선교적 삶을 살며 자신이 서 있는 곳이 거룩한 곳이며 하나님의 영광을 나타내는 영광스러운 사역 현장임을 발견해야 한다. 그리고 더 나아가 자신의 직업, 지식, 재능, 물질, 경험을 선교를 위해 사용해야 한다.

다섯째, BAM 운동은 통일시대를 이끌어 갈 다음 세대 및 선교적 교회의 대안이다. BAM 운동은 우리 모두가 선교적 삶을 살게 할 뿐아니라 우리 삶의 현장이 바로 선교의 현장이라는 선교적 소명을 재

발견하게 한다. 특히 작금의 한국교회는 위기를 교회의 정체성을 다시 확인하는 계기로 삼고 성장주의의 반성과 개교회주의 탈피에 힘써야 한다. 또한 다가오는 통일시대를 이끌어 갈 다음 세대들이 적어도 10년의 시간 동안 어떤 준비를 해야 할지에 대한 진지한 질문을 던지고 실행하는 기간으로 삼아야 한다.

현재 세상은 교회를 향하여 복음이 진리라면 그 진리임을 삶으로 증명하라고 요구한다. '말의 복음'이 아닌 '삶의 복음', 즉 복음의 가시성을 세상이 요구하고 있는 것이다. 그러므로 이제 교회의 선교는 '들려주는 메시지'만이 아닌, '보여주는 메시지'를 반드시 가져야 한다. 우리들의 신앙이 삶의 자리에서 증명되어야 하는 것이다. 이미 우리들의 삶을 보고 실망하여 마음을 닫고 복음을 듣지 않는 세상에게 무엇으로 다시 복음을 전할 기회를 얻을 수 있을지 생각해보자. 이때 삶을 담보하는 BAM은 복음의 가시성과 진정성을 확보하는 탁월한 전략이며 가능성이 된다. 지역교회에서 일과 직업에 대한 성경적 원리가 바르게 가르쳐지고 이원론적 관점과 신앙패턴이 수정되며 선교소명과 직업소명이 통합된다면 엄청난 사역적 시너지가 일어날 것이다.

한정화 교수는 21세기 세계 선교를 위해 비즈니스를 전략적으로 활용할 때임을 강조하며 위의 BAM 사례들을 소개하고 있다. 또한 BAM 실행 전략으로 다음과 같은 다섯 가지의 중요성을 이야기한다.

1. 법이나 제도가 아닌 신앙의 기초 위에 신용, 정직, 사랑, 봉사, 우수한 품질, 성실 등의 가치관이 형성된 영적 자본(spiritual capital)
2. 거래 관계의 정직성 실현과 영적 자본의 축적을 통한 사회 혁신의 도구화
3. 능력보다 인격이 훌륭하고 성경적 인간관이 확실한 사람과의 팀 사역
4. 비즈니스에 대한 올바른 인식, 전문성, 현지화, 리스크관리, 지속가능성을 갖춘 경쟁력 확보
5. 소규모 투자로 시작된 기술 전문성 기반의 선택 등 사업분야에서의 적절한 선택

또한 BAM 사역은 특별히 가난하고 소외된 선교현장에서 실업과 지역적 소외라는 절망에 사로잡혀 사는 이들에게 희망이 될 것이며 BAMer들은 통일한국을 비롯한 그 땅에서 복의 근원이 되고 진정한 변혁과 부흥의 주도적 역할을 감당하게 될 것이다. BAM 운동은 이때를 위하여 준비하신 하나님의 분명한 섭리이다.

## 3. 실행 내용 및 사례

BAM에 관한 사례들은 다양해지고 치열한 비즈니스 환경 속에서 영적 전쟁은 지금도 계속되고 있다.

## 1) BAMer들의 현장 사례

K 선교사 부부는 기술과 자본이 부족한 열악한 환경에서 사업을 시작했다. 현지에서 우수한 인력을 구하기란 거의 불가능했다. 그러나 '행복한 회사 만들기'라는 목표를 가지고 사랑으로 직원들을 섬기고 교육을 통하여 역량을 개발시키자 현지인들이 변화되고 잠재력이 발현되었다. 또한 그 가운데 복음을 받아들인 직원을 대상으로 제자 훈련을 했고 충성된 예수 그리스도의 제자들을 얻게 되었다. 지금은 그들과 함께 식품, 전자, 신발 사업으로 진출하고 있고 학교, 병원, 유치원, 고아원 사역을 계획하고 있다.

B국의 K 선교사와 T국의 S 선교사는 리베이트의 유혹에도 불구하고 회사 경비처리의 정직성을 실현하고자 노력하여 사업 초기, 현지인들에게 따돌림당하거나 좀 별난 사람이라는 평을 얻는 등 많은 어려움을 겪었다. 그러나 나중에는 이러한 행동이 오히려 현지인들에게 도전을 주었고 복음을 증거하게 되었으며 그들을 삼게 되었다.

U국의 S 선교사 부부는 초기에 입국비자를 얻기 위해 사업체를 운영했으며 비즈니스는 선교가 아니라는 편견이 있었다. 본국에 선교 보고를 할 때에도 직접적인 복음 전도의 성과만 보고했다고 한다. 그러나 나중에 BAM에 대해 알게 되자 기업 자체가 선교의 장이라는 인식을 갖게 되어 사역의 내용이 달라지게 되었다.

루디아(Lydia)는 바울의 선교를 돕던 자색옷감 장수였다. 그녀는 자색옷감 판매를 통해 벌어들인 돈을 바울의 선교자금으로 보냈다. 리디아알앤씨의 임미숙 대표도 루디아의 비즈니스가 선교의 도구가 되었듯 비즈니스가 곧 선교가 되는 기업을 꿈꾸고 있다. 또한 기업 경영이란 온 몸으로 자신을 보여주는 것이기 때문에 자신의 모든 말과 행실이 선교가 되길 꿈꾼다.

## 2) 비즈니스 선교사 최웅섭 회장 사례

최웅섭 대표는 원래 아제르바이잔 공화국에 파송 받은 훈련된 선교사다. 그는 현지 도착과 동시에 생존의 유무를 결정하는 '비자' 문제로 현실과 직면한다. 현지인을 일대일로 대면하기 어려운 중동의 이슬람 국가에서 비자를 얻기 위해 컴퓨터 다섯 대로 컴퓨터 학원을 열었고, 그것을 통로로 학원생들과 현지 교사들을 주님의 제자들로 키워나갔다. 월 매출 3백 달러 규모의 작은 학원을 운영해 나가면서 선교의 기반을 세우기 위해 NGO를 세우는 등 노력을 꾸준히 했다. 그러나 사회적 법규와 문화와 관습이 한국과는 전혀 다른 이슬람 국가에서 외국인의 모습으로 사업을 이어나가는 것은 매우 어려웠다. 하지만 감사하게 그 어려움 속에서도 하나님의 은혜로 '언어'를 습득하였고 '사람'을 얻었다. 소위 마른 땅에 삽질해가며 현실과 부딪히고 자연스레 현지어에 능통해졌으며 서로 도움을 주고 받으며 현지인 친구들과 신뢰를 쌓았다.

이 두 자산을 기반으로 하여 주님의 전적인 인도로 만나게 된 LED 디스플레이 전광판의 판로 개척을 성공시켰다. 신뢰는 신뢰를 낳아 그들은 아제르바이잔 주 정부의 대형 건설 사업을 연이어 맡게 되며 3억 달러 규모로 사업체를 성장시켰다. LED 디스플레이 전광판은 물론 축구장, 수영장, 리조트 건설 등으로 현재는 조지아, 투르크메니스탄, 카자흐스탄, 브라질, 알바니아 등 10여 개국에서 7억 달러 매출에 도전하고 있다.

그러나 그 사업들이 그냥 이루어진 것은 아니다. 이는 무려 200여 가지의 사업 아이템을 들고 불굴의 선교열정으로 바울처럼 직접 발로 뛰어다니며 직접 시장조사 한 결실이었다. 그래서 그는 오늘날 '불의 나라 회장'이라는 별명을 얻었다. 아제르바이잔이 불의 나라로 불려진 탓도 있지만 그가 하나님께서 주신 사명 "모든 족속으로 제자를 삼으라"는 지상명령을 위해 열정을 불태우는 삶을 살았기 때문이기도 하다. 비즈니스가 먼저이든 선교가 먼저이든, 우리의 공통된 정체성과 열정은 바로 하나님 나라의 확장에 있다.

그는 다음과 같이 비즈니스 선교의 십계명을 창안하고 선언했다.

1계명, 투명하고 정직한 사업가가 돼라
2계명, 현지에 기여할 일을 찾아라
3계명, 모두에게 본이 되는 모범사례를 만들어라
4계명, 현지국가와 현지인을 비판하지 말라
5계명, 현지인이 당신을 돕도록 하라
6계명, 사업의 실패를 두려워 말라
7계명, 먹고 사는데 목숨 걸지 말라
8계명, 직원들에게 섬김을 실천하라
9계명, 선교사의 삶을 아름답게 누리라

10계명, 새 힘을 주는 안식년을 지키라

## 직원 리더십 5대 강령

하나, 리더 자신과 직원들에게 정확한 근무 규정을 제시하라
둘, 직원들의 권리를 존중하여 행복하게 하라
셋, 직원들과 함께 나눔을 실천하라
넷, 직원들에게 가정의 소중함을 알게 하라
다섯, 직원들을 리더로 키워라

상기의 계명들과 강령들은 기독경영 기업들이 국내뿐 아니라 문화권이 다른 해외로 진출을 해서 사업을 할 때 꼭 필요한 사항들이다. 사업의 성공요인에 외부 환경과 기회도 있지만, 기본적인 내부 역량과 태도는 필수적인 조건이 되는 것이다. 한마디로 글로벌 비즈니스의 원리와 리더십을 제시한다고 볼 수 있다.

하나님 나라, 하나님의 기업을 향한 진정한 미션과 비전이 세워지고 구성원의 동의를 얻게 되면 그것은 지치지 않는 불요불굴의 열정을 동반하는 기업문화를 이루게 된다. 좋은 예를 네패스와 베케트 등을 통해 볼 수 있다. 그 미션과 비전은 조직 구성원들에게 전파되고 공유되기에 개인의 열정과 함께 공동체의 열정이 되어 힘있게 추진되어 갈 수 있다. 그 열정은 자체가 임파워먼트(empowerment)가 되어 자발성을 기초로 조직구성원 개개인의 잠재역량의 온전한 실현을 이루게 된다. 또한 복음의 공동체적 성격으로 시너지를 이루게 되어 최고의 경쟁력을 지닌 조직으로 거듭나게 된다.

그런 의미에서 한마디 덧붙인다면, 이제는 교회도 경영조직의 일환으로서 내 교회, 지역교회, 개교회의 성장을 위한 제자 양성에서 업그레이드하여 사회, 국가, 세계를 위해 제자를 양육하는 하나님 나라의 미션과 비전으로 새롭게 재무장해야 할 필요가 있다. 예수님의 진정한 사명과 열정을 본받도록 제자훈련의 패러다임과 교육과정이 바뀌어야 하는 것이다.

## 4. 결론 및 시사점

한국교회는 가난하고 무지하며 건강하지 못한 민중의 삶과 함께 시작되었다. 130여년의 역사는 근대화, 고난과 해방, 압축성장과 민주화 과정, 오늘날 다양한 사회적 문제들의 분출에 이르기까지 역동적인 이야기를 담고 있다. 특별한 시대적 요청 속에서 한국교회 믿음의 선배들은 사회적 책임을 다해왔고 그로 인해 많은 국민들로부터 신뢰와 사랑을 받았다. 영국의 기업인 조지 캐드베리, 미국의 기업인 앤드류 카네기, 한국의 기업인 유일한, 이들이 살다 간 시대와 장소는 달랐지만 공통된 가치를 추구했다. 각자 사업으로 이룩한 부를 기부, 공익재단 설립, 병원이나 학교 등의 공공시설 건립의 형태로 사회에 환원했다. 19세기 말부터 영국과 미국의 기업가들에 의해 시작된 기업의 사회공헌활동은 전 세계 기업인에게로 확대되었고 1970년대 중반 이후부터는 기부형태의 사회공헌을 넘어 환경과 사회를 고려하여 기업을 경영하는 '기업의 사회적 책임' 개념이 확대되었다.

최근 정부는 경제 제일 정책으로 일자리 창출 및 양극화 문제 해소를 제시하고 있다. 청년, 실버 세대, 북한이탈주민, 다문화 가정, 경력단절 여성 등 사회적 약자인 소외계층의 일자리 창출과 지원 프로그램을 핵심으로 한 세부 주요 정책으로 '사회적 경제'를 강조하고 있다. 이는 20년전 무슬림권 선교지에서 자발적으로 시작된 비즈니스 선교(BAM)가 국내외 선교지에서 왕성하게 운동적 성격을 띠며 발전한 것이다. 더불어 '사회적 경제'는 새로운 한국교회의 사회적 책임(Church Social Responsibility)으로 한국교회 안과 밖의 비즈니스 선교(BAM) 영역에서 점점 더 중요한 축이 되어간다.

## 1) 이제는 사회적 성화를 실천할 때

교회의 머리가 되시는 예수님께서는 세상의 모든 불의와 악의 근원인 죄의 문제를 십자가에서 해결하고 인류평화의 길을 열어 놓으셨다. 뿐만 아니라 성경에 기록된 수많은 구원의 경험과 약속은 인류사회에 하나님 나라의 공의와 자유, 그리고 평등의 기본가치를 보증하고 있다. 이처럼 성경이 보증하는 개인의 자유와 평등, 하나님 나라의 공의와 구원의 가치를 세상 속에 구현하기 위해서 교회가 시민사회의 책임 있는 일원이 되어 중보자의 역할을 하는 것은 당연한 것이다. 성경의 진리를 믿고 하나님 나라를 소망하는 모든 그리스도인의 신앙고백적 귀결이라 할 수 있다.

BAM 운동의 관점에서 웨슬리의 사회적 성화, 즉 돈의 소유, 형성과정, 돈을 착하게 소비하고 나눔을 실천할 수 있는 영역이 어느 때보다 중요하다. 그동안 많은 단체들이 이를 주장해왔지만 그 영향력이 미비한 이유는 한국교회의 동참을 적극적으로 끌어 내지 못했기 때문이다. 이제는 사회적 성화신앙으로 무장된 크리스천들 특히 기독경영자들이 앞장서야 할 것이다.

"가능한 많이 벌어라, 가능한 많이 저축하라, 그리고 가능한 많이 나눠주어라! 우리는 우리가 얻을 수 있는 모든 것을 얻어야 한다. 하지만 우리가 해서는 안 되는 것이 있다. 그것은 삶을 희생시키는 대가로 돈을 얻는 것이다." - 존 웨슬리 -

마태복음 28장 18절~20절의 대위임 명령은 예수 그리스도의 복음과 사랑을 이웃에게 전하고 더 나아가 나눔과 섬김의 선교적 삶 즉 BAMer로서의 삶을 사는 것이 중요하다고 강조하였다. 물론 모든 크리스천이 BAMer가 될 수는 없다. 다만 예수님께 위임 받은 이 명령을 기억하고 혼자보다는 우리가, 대한민국만이 아닌 제3세계 도움이 필요한 모든 곳에, 나중보다는 바로 지금 실천하다 보면 하나님 나라는 보다 확장되어져 갈 것이다.

그리하여 많은 기독교 단체와 전문가들이 이론과 현장 속에서 주님께 쓰임 받게 될 때 이들의 역량에 따라 현재 땅에 떨어진 한국교회의 대사회적 신뢰도는 달라질 것이다. 그리고 이는 자원연계 활성화 및 네트워크 구축, 창의적 모델 발굴 및 확산, 사회적 경제 기업 물품판매 공동사업단 구성, 글로벌 창업/창직/취업 지원센터 후원 등 당면한 일들 하나 하나에 더불어 살아가는 하나님 나라를 심게 될 것이다. 이 모든 시도는 사회적 선교의 생태계를 만들어 가는 것이며 총체적 선교 관점에서 성화를 실천할 때 가능해진다.

## 2) 뉴 노멀과 넥스트 노멀

현재 대한민국을 비롯한 전 세계는 코로나19로 인해 코로나 블루, 코로나 레드, 코로나 블랙 이야기가 언론에 소개될 정도로 심각한 상황에 직면해 있다. 2020년 4월 경 1차 대유행 초기에는 여름이라는 계절적 특성과 백신개발의 기대감 등으로 경기의 V자 반등 가능성이 점쳐지기도 했다. POST COVID-19의 논의가 있었던 것도 사실이지만 이제는 WITH COVID-19의 뉴 노멀(New Normal) & 넥스트 노멀(Next Normal) 시대 즉 인류가 지금까지는 경험하지 못한 새로운 삶의 양태를 받아들이고 이를 안전하면서도 지혜롭게 극복해 나가야 하는 담론들이 주를 이루고 있다.

세상은 온통 힘들고 어렵고 위험하다는 부정적인 내용이 팽배하지만, 영적으로 기도하는 믿음의 사람들에게는 절망 가운데 들려주셨던 이사야 43장의 메시지인 '새로운 부흥'을 카이로스적 사건으로 경험케 하신다.

"코로나19가 문화명령과 선교명령을 총체적으로 수행해야 할 우리들에게 주시는 메시지는 과연 무엇인가?"

필자는 조심스럽게 하나님께서 정치, 경제, 문화, 사회 등 모든 영역에서 기존의 틀을 완전히 바꾸시는 '판 바꾸기'를 진행하고 계신 것 같다는 깨달음을 얻었다. 이 판 바꾸기는 특히 기독경영의 현장, BAMer들이 활약하는 곳에서 더 치열하게 진행되고 있다. 그러므로 우리는 믿음의 선택을 해야 한다. 신앙과 삶이 이원론적으로 구분된 삶을 살 것인가? 아니면 "뜻이 하늘에서 이루어진 것처럼 땅에서도 이루어지이다" 라고 기도하는 하나님 나라, 하나님 백성(옐민)으로 선교적 삶을 살아갈 것인가? 지금도 하나님은 일하고 계신다(Misso Dei).

## ☑ 실천지침

1. 창조명령과 선교명령의 통합적 이해와 총체적 선교적 삶의 실천이 이뤄질 때 기독경영이 가능하다. 이를 위한 기독경영자의 역할을 정리해보자.

2. 기독경영자로서 일터신앙의 적극적 실천인 BAM 구현이 가능하다고 생각하는가? 가능하다고 본다면 그 구체적인 시작점과 내용은 무엇인지 생각하고 나눠보자.

3. 기독경영(BAM)의 결과물은 올리브나무의 열매로 비유된다. 한 그루 나무로 존재하는 것도 중요하지만 함께 숲을 이뤄나가는 생태계 조성도 중요하다. 함께 노력할 수 있는 공동의 선을 추구해보자.

## ☑ 토의주제

1. 기독경영자로서 일과 영성(work & faith)에 대해서 생각해보자.

2. 기독경영자로서 창조명령과 선교명령은 어떻게 생각하며 실천하고 있는가?

3. 총체적 선교적 삶과 사회적 성화의 삶에 대해 기억나는 사례를 적어보자. (국내외 비즈니스 현장, 특히 지역교회 생태계 안과 밖에서 이뤄지고 있는 BAM 운동에 대해서)

# 10

## 안식과 출구전략

"

- 수고하고 무거운 짐 진 자들아 다 내게로 오라 내가 너희를 쉬게 하리라

- 나는 마음이 온유하고 겸손하니 나의 멍에를 메고 내게 배우라

- 그러면 너희 마음이 쉼을 얻으리니

- 이는 내 멍에는 쉽고 내 짐은 가벼움이라 하시니라

(마태복음 11:28~30)

"

# 1. 안식

## 1) 안식의 성경적 원리

"많은 사람들이 현재의 삶을 누리는 대신, 오직 앞날을 끊임없이 준비하는 데에 몰두한다. 그래서 '지금' 살지를 못한다. 삶은 매순간 계속되고 있는데 말이다. 완성되지 못한 미래 계획들 주위만을 늘 맴돌 뿐이다. 어떤 이들은 과거를 분석하고 나서야 비로소 오늘의 문제를 대면할 수 있다고 믿어 과거 분석에 매달리기도 한다. 그들은 내면에 이미 존재하고 있는 내적인 기쁨에 결코 이르지 못한다. 사실 그들이 해야 할 일은 삶의 조건들(스펙)을 완성하라고 강요하는 온갖 억압으로부터 벗어나는 것이다. 지금 이 순간을 의미 있게 살 때에 영원함이 시간 안으로 들어온다. 지금이 곧 영원이 된다." 58) (안셀름 그린)

모든 인간은 인생의 무거운 짐을 지고 살아간다. 사람마다 짐의 모양과 무게는 다르지만, 이 땅을 살아가는 사람들은 한 사람도 예외 없이 인생의 짐을 지고 광야의 인생길을 걷는다. 오늘날 사회적 이슈가 되고 있는 택배 노동자나, 시골 장터의 한 구석을 채우기 위해 머리와 양손에 가득 짐을 지고 계시는 어르신들 모습, 그리고 코로나19와 같은 전대미문의 위기 가운데 기업을 세우고 유지하며 발전시키기 위해 불철주야 노력하는 경영자와 임직원에 이르기까지 예수님은 모든 인생의 모습을 "수고하고 무거운 짐 진 자"라고 표현하신다.

하나님의 창조의 원리 중 하나인 안식 즉 쉼에 대한 이 문장은 사복음서 중 마태복음에서만 나타나는데, 아직 제자가 아닌 사람들을 '수고하고 무거운 짐 진 자들'로서 초청하고 계시다. 그들의 짐은 통상적인 죄의 짐이라기보다는 바리새적인 율법과 그 율법에 얽매어 있는 상태를 의미한다고 볼 수 있다. 짐과 대비하여 '멍에'는 예수님의 새로운 가르침인데 그 가르침에는 새로운 율법 해석과 예수님과의 인격적인 관계까지 포함한다.[59]

예수님의 멍에는 사실 바리새인의 요구를 넘어선다. 5장 20절에 '너희 의가 바리새인의 의보다 못하면' 이라고 하한선을 그어주기 때문이다. 그러나 그 멍에가 쉽고 가벼운 것은 엄격한 율법과 달리 주님은 온유하고 겸손하기 때문이다. 온유와 겸손에 기초한 예수님의 가르침은 '사랑'으로 압축되는데, 자발적인 사랑은 율법을 의식하지 않으면서도 율법의 요구를 이루기 때문이다. 그럼으로써 예수님은 그의 멍에를 메는 자에게 쉼, 곧 안식을 약속하신다.

일반적으로 우리가 보통 생각하는 쉼, 곧 휴식의 개념과 진정한 안식의 개념은 분명히 차이점이 있다. 이를 잘 살펴보고 적용할 부분에 대해서 알아보기로 한다.

안식은 히브리 원어로 '메누하(menuba)'이다. 메누하는 충만한 휴식, 몸과 마음이 평안을 이룬 상태를 의미한다. 메누하에는 노동과 수고를 그만두는 것 이상의 '완성'이라는 의미가 있다.

우리가 가장 평화스럽고 평온한 상태로 떠올리는 시편23편의 '그가 나를 푸른 풀밭에 누이시며 쉴 만한 물가로 인도하시는도다.'에서 쉴만한 물가(the waters of menuba)가 진정한 안식의 그림 중 하나이다. 성경적 원리로서 안식의 원리는 하나님이 주신 영적, 정서적, 육체적 쉼과 평안을 누리는 것이라고 정의할 수 있다. 기독경영연구원의 정리에 의하면 안식의 원리를 구성하는 요소는 '영혼의 풍요', '그침과 쉼', '관계의 누림' 세 가지이다.[60]

(1) '영혼의 풍요(Fullness of Soul)'는 모든 욕심을 내려놓는 것, 염려와 근심으로부터 자유로움을 얻는 것, 하나님의 임재를 경험하고 영적 평안을 누리는 것을 의미한다. 이사야 58장 11절의 말씀인 "여호와가 너를 항상 인도하여 메마른 곳에서도 네 영혼을 만족하게 하며 네 뼈를 견고하게 하리니 너는 물 댄 동산 같겠고 물이 끊어지지 아니하는 샘 같을 것이라"를 경험하는 것이다.

(2) '그침과 쉼(Finish & Rest)'은 일과 성취를 위해 무작정 달려가는 것으로부터 그치고 쉬는 것이다. 육체적인 피곤함을 털어내고 성취를 위해 정서적 스트레스를 받는 것으로부터 쉼을 누리는 것을 의미한다. 생산성과 목표달성을 위해서만 달리는 것이 아니라 하나님께서 주시는 달콤한 잠과 쉼을 누리는 것이다. "너희가 일찍이 일어나고 늦게 누우며 수고의 떡을 먹음이 헛되도다 그러므로 여호와께서 그의 사랑하시는 자에게는 잠을 주시는 도다" (시 172:2)를 믿는 것이다.

(3) '관계의 누림(Enjoyment in Relationships)'은 단지 나 자신의 쉼과 영혼의 평안을 넘어 가족, 친구, 이웃, 교회 공동체 속에서의 교제와 영혼의 나눔을 통해 삶 전체에서 만족감을 얻고 이를

통해 일과 삶의 통합을 이루는 것을 말한다. "보라 형제가 연합하여 동거함이 어찌 그리 선하고 아름다운고"(시 133:1) 라는 말씀처럼 형제, 이웃과의 관계에서 연합의 누림을 갖는 것이다.

또한 우리의 시간에는 두 가지 개념이 있다. 일상적인 의미의 객관적인 크로노스(chronos)의 시간과 나에게 특별한 의미가 부여된 주관적인 시간인 카이로스(kairos)의 시간이다. 하루 일상의 크로노스의 시간 중에도 조용한 시간을 내어 하나님의 임재 속에 들어가 안식과 풍요를 체험할 수 있다면 그것이 카이로스의 시간이 된다.

안식에 관한 최고의 학자인 아브라함 헤셸은 우리가 소유와 욕망에 집착하는 것을 '공간'에 집착하는 것이라고 설명한다. 즉 물질적인 세계를 대표하는 공간에서 그 공간을 조금이라도 더 차지하기 위해 끊임없이 경쟁하며 살고 있다는 것이다. 공간을 소유하기 위해 시간을 최대한 효율적으로 짜내려고 한다. 이 상태에서는 카이로스의 시간이 들어설 자리가 없다. 그래서 우리는 먼저 진정한 안식을 위해 '그침'을 적극적으로 연습해야 한다. 그렇게 할 때 세상의 '공간'을 벗어나 거룩한 '시간' 속으로 들어가 하나님의 임재와 영혼의 풍요를 맛볼 수 있다. 그는 심지어 이렇게 말하고 있다.

"이 세상에 있는 동안 안식일의 맛을 음미할 줄 모르는 사람, 영생의 진가를 인정하지 않는 사람이 내세에서 영원의 맛을 즐길 수는 없다. 안식일의 아름다움을 경험하지 못한 사람이 천국에 이르거나 안식일의 아름다움을 느끼지 못한 사람이 천국으로 인도되는 것만큼 슬픈 운명도 없을 것이다." [61]

그렇다면 경영의 궁극적인 목적은 무엇일까? 모든 관계된 존재들의 "저장된 잠재력의 발현"이며 그것의 목표는 물질뿐만이 아닌 정신의 풍요와 안식을 가져오는 것이라는 사실을 기독경영자들은 모두 공감할 것이다. 우리의 제품과 서비스를 제공하는 대상과, 이에 참여하는 임직원들 모두의 풍요와 안식이 우리의 공통된 방향이며 하나님의 뜻을 이루는 것임을 항상 유념해야 할 것이다.

## 2) 안식과 유일성

개신교의 모새골(모두가 새로워지는 골짜기) 수도원을 2004년도에 설립하여 사역하는 임영수 목사님은 안식과 영성에 대하여 연구와 저술, 훈련을 하고 있다. 그는 스위스 제네바에 있는 폴 트루니에 박사의 초청을 받아서 방문하여 대화를 나누면서 그의 깊은 영성에 감화를 받게 되었다. 그는 정신과 의사이며 성경적인 목회상담가이자, 작가로서 세계적인 명성을 얻은 분이다. 그는 매일 이른 아침 그날 분의 일용할 양식을 읽고 묵상하면서 얻은 영감을 하루 일과의 중요한 실천 내용으로 삼는다고 한다.

폴 트루니에 박사의 말을 빌리면, 하루하루 하나님의 명령을 실천해 가면서 얻는 기쁨과 성취감은 세상에서 돈으로 살 수 없는 것이라 했다. 그를 전인적으로 통합해 가고 하루하루 남다른 삶의 가치와 의미를 갖고 살아가게 만드는 힘과 에너지, 다시 말해 폴 트루니에, '그 자신'을 만들어간 근원적인 힘이 안식과 영성에 있었다.[62]

임영수 목사에 의하면 우리는 안식을 통해 비로소 자신의 유일성을 발견하고 실현하게 된다. 이 세상에 수십억의 인구가 있지만 지문이 같은 사람은 하나도 없다. 이 사실은 이 세상에 태어나는 사람에게는 누구나 자기만의 삶이 있다는 것을 의미한다. 우리가 사는 삶의 가치는 재물, 사회적 지위, 명예에 있는 것이 아니라, 나만이 살아가야 할 유일한 창조적인 삶의 과제가 존재한다는 것에 있다.

경영이나 목회에 있어서도 만약 내가 누구와 같이 되려 하면 외형적인 모방은 가능해도 진정 나의 삶을 살지는 못할 것이다. 그것은 결국 나를 소외시키고 인격은 분열되며 가면을 쓰고 인생의 무대에서 광대로 살다가 생을 끝내게 될 것이다.

안식의 시간을 통해 나는 진정한 나 자신의 유일성과 인생의 사명을 발견하고 새롭게 하며 그분의 도우심을 구할 수 있게 된다. 그분의 나를 지으신 목적에 부합하는 삶을 살 수 있게 되는 것이다. 그때 내 안의 깊숙한 곳에 기쁨이 차고 넘치게 된다.[63]

## 3) 진정한 안식을 위한 성찰기도

영성의 전문가인 안셀름 그린은 우리의 내면에는 일상적인 문제들이 들어오지 못하는 공간이 있다고 한다. 내 안의 지성소이며 하나님께서 내주하고 계신 곳이다. 여기서 우리는 잠시 쉴 수가 있는데, 이곳은 하나님이 직접 우리를 사람들의 권력으로부터, 자신의 초자아로부터, 자의식과 자책으로부터 해방시켜주는 곳이기 때문이다.[64] 여기서 우리의 일상인 일과 활동에 대해 성찰할 수 있으며 순수한 기도를 드릴 수 있다. 하나님 안에서 자신의 일상을 성찰하는 것은 공간의 집착에서 벗어나 거룩한 카이로스의 타임으로, 진정한 안식으로 들어가는 게이트를 여는 것이다.

실질적인 지침으로써 성찰의 5단계를 따라 기도하게 되면 도움을 얻을 수 있다. 아침 QT와는 별도로 더 깊은 묵상의 시간을 갖는 것이다.

성찰의 5단계[65]: 먼저 침묵 가운데 하나님을 기다리는 연습을 한다. 너무 분주하게 생각이 많을 때는 시편기자들이나 마태복음의 말씀 한구절을 반복 묵상하는 것이 도움이 된다. 그리고 다음의 5단계를 따라 기도를 드린다. 최소한 15분 이상 충분히 머무르는 시간을 가진다.

1단계 감사 : 오늘 하루 동안 특별히 고마움을 느꼈던 일을 하나씩 떠올리고 감사드린다.

2단계 점검 : 그날 일어났던 일을 처음부터 마지막까지 더듬어 간다. 이때 하나님의 임재를 느꼈던 자리와 사랑하라는 초대를 받아들였거나 외면했던 자리에 머물러 주목한다.

3단계 죄의 인지 : 하나님께 죄를 지었다고 생각하는 행동들을 떠올린다.

4단계 용서 : 하나님의 용서를 청한다. 자신의 죄 때문에 상처를 받은 상대와 화해하고자 하는지도 결정한다.

5단계 은혜 : 내일 필요한 은혜와 하나님의 임재를 분명히 알
아볼 수 있는 능력을 하나님께 청한다.

일과 기도, 활동과 성찰을 조화시킬 때 진정한 안식이 가능하
다. 생활패턴을 조정하고 하루 중, 또는 하루 일과를 마치고 이
성찰의 기도를 매일 실천해보기 바란다. 작은 실천이지만 근본적
인 효과를 보게 될 것이다.


### 2) 실행 및 사례

#### ① 한국교세라 정공

10년 넘게 매출과 이익목표를 달성한 한국교세라정공㈜은 회사
조직이 '사랑의 공동체'(순, 구역, 속, 목장)로 구성되어 있다. 전
임직원의 행복지수가 매우 높을 뿐 아니라 회사가 이뤄낸 성과는
일본 교세라 그룹 전체에서 대기록이다.

이 같은 결과를 전희인 대표는 '십자가 경영' 때문이라고 말한다.
십자가 경영은 수직 서열 업무중심의 일반 회사와 달리 섬김과 사
랑이 있는 수평조직을 활성화시킨 것이다. 그가 IMF 때 경영위기
를 겪으며 기도에 매달려 극복할 때 하나님은 "내가 보내준 사원
중 몇 명이나 구원했느냐?"는 음성을 듣고 크게 깨우치게 되었다.
현재가 있기까지 모든 일이 쉽지만은 않았지만, 그는 기독교 기업
의 본질을 십자가 경영을 통해서 알게 하셨고 "저는 사장이지 선교
사가 아니잖아요"라고 외쳐봤지만, 하나님은 너무나 분명하게 "제
자를 삼으라"고 명령하셔서 그는 순종하고 성장위주의 회사 시스템

을 재편하기 시작했다.

먼저 본부장들에게 제자 삼으라는 하나님의 뜻을 설명하고 이들을 중심으로 17개의 사랑의 공동체를 만들었다. 15명 안팎의 이 공동체는 일주일에 한 번씩 모여 기도하고 삶과 비전을 나눴다. 한국교세라정공만의 훈련이었다. 그러자 변화가 나타났는데 이 회사만의 특별한 섬김과 가족적인 분위기가 생겼다. 의사소통, 업무수행 능력 등도 눈에 띄게 향상됐으며 또 매주 월요일 전 사원 예배를 드리며 하나님의 임재를 경험하게 되었다. 전 대표는 지난 10년은 전적인 하나님의 은혜라고 말하며 다음과 같이 소감을 밝혔다.

"우리는 일터가 하나의 노예처럼 돈 버는 기계처럼 생활하던 그런 일터의 문화만 가지고 있습니다. 우리 성도들이 정말 일터에서 하나님의 나라를 이루며 사는, 신우회 조직 정도가 아니라, 행복을 주는 사람, 행복한 사람으로서 공동체를 사랑하는 일터로 꾸며 나가면 얼마나 좋을까 하는 생각을 하고 있으며 일과 삶의 균형을 추구하는 워라밸 시대, 한국교회에도 성도들의 일터에 대한 관심과 신앙과 삶의 균형을 잡아주는 지혜가 필요해 보입니다."

② 네패스

반도체 분야 중견기업으로서 감사경영을 화두로 기독경영의 모범적인 토대를 마련하고 있는 네패스는 전직원 노래 부르기 시간과 감사일기를 작성하는 시간을 매일 갖고 있다. 네패스 이병구 회장은 노래 부르기야말로 스트레스 해소에는 가장 좋은 방법이며 하루를 힘차게 시작할 뿐만 아니라 창의적인 사고에 필요한

뇌세포가 활성화된다고 확신한다. 침체에 빠지기 쉬운 마음이 가벼워지고 긍정 에너지가 무한 솟게 되는데, 이 노래 부르기와 함께 감사일기 작성은 내면의 깊은 성찰과 함께 직원 대 직원, 직원대 임원, 그리고 가족 등 타인에 대한 감사와 배려가 실천되어 워라밸 시대에 꼭 필요한 기업문화로 자리매김하게 되었음을 알려주었다. 안식의 적극적이고 창조적인 면을 강조해주는 사례이다.

안식은 회사에 몸담고 있는 모든 구성원들은 물론 기계, 설비등에도 적용될 수 있다. 네패스에서는 반도체 생산설비에 대해서까지 감사를 한다. 실제로 감사문을 장비에 써 붙이고 소리 내어감사를 표현하는 것이다. 결과적으로 장비의 고장률이 현저히 줄어들었다고 한다. 그 이유는 감사를 표하면서 담당자들이 기계장비를 혹사하지 않고 더 소중히 다루고 보살폈기 때문이라고 한다. 감사와 안식의 영향력을 실감하게 된다.

③ 사우스웨스트 항공의 펀(fun) 경영

역시 동적이고 창조적인 안식의 의미를 생각나게 하는 사례로사우스웨스트 항공을 들 수 있다. 사우스웨스트 항공은 미국에서일하기 좋은 직장으로 유명하다. 창립자인 허브 켈러허 회장은유머를 회사의 기업문화로 강조하고 있으며 임직원 누구나 유머를 잘하도록 장려하고 있다. 'Smart Flight'라는 홍보문구를 가지고 지역 항공사와 저작권 문제로 장시간 대립하게 되자 노년의허브 켈러허 회장이 상대방 회사의 젊은 CEO에게 팔씨름을 제의하여 문제를 푼 일화는 유명하다. 결국 켈러허 회장이 젊은 CEO

에게 져서 저작권료를 내게 되었지만, 그 CEO는 그것을 자선단체에 기부하게 되는 미담이 된다.

또한 다양하고 흥미있는 이벤트를 통해 승무원과 기장, 직원들을 피곤과 스트레스에서 벗어나게 함으로써 직원들은 매일 반복되는 일상에서 벗어나 회사에 나가는 즐거움을 얻는다.

또한 회사 밖을 나가 함께 지역사회의 공동체를 돕는 봉사활동은 자기 효능감과 함께 회사에 대한 애사심을 자연스럽게 심어준다. 재미와 봉사는 회사 내 딱딱한 분위기, 상하관계, 고정관념을 없애고 상사와 부하직원 사이에 친근감을 만들어 준다. 그 이유는 이익 관계 속에서만 지내다가 공동체 문화를 접하게 되기 때문이다.[66]

이와 같이 사우스웨스트 항공은 밝음을 지향하는 인재들로 이루어진 조직이며 직원들 사이에 가족적인 유대감이 형성되어 서로가 서로를 존중하고 아끼는 조직문화가 발달되어 있다. 관계의 누림을 통한 안식인 것이다.

다음은 1984년 행복한 보스의 날을 맞아 1만 6천명 직원 일동이 자비를 털어 'USA 투데이'지에 실었던 광고 문구 중 일부이다.


감사합니다 허브
우리 직원들 이름을 모두 기억해 주신 데 대하여
로널드 맥도널드 하우스(자선단체)를 도와주신 데 대하여
추수감사절 날 수화물 적재를 손수 도와주신 데 대하여
모든 사람에게 키스를 해주신 데 대하여

우리의 말을 들어주신 데 대하여
유일하게 흑자를 내는 항공사를 경영해 주신 데 대하여
우리의 휴일 파티에서 노래를 불러주신 데 대하여
직장에서 반바지와 운동화를 신게 해주신 데 대하여
할리데이비슨 오토바이를 타고 본사에 출근하신 데 대하여
회장이 아니라 친구가 되어주신 데 대하여

다음은 그의 어록 중 한 구절이다;
"A company is stronger if it is bound by love rather than by fear."
"회사는 무엇으로 움직이는가? 그것은 바로 사랑이다. 두려움 따위는 설 자리가 없다."


## 2. 출구전략의 원리

"그런즉 깨어 있으라 너희는 그날과 그때를 알지 못하느니라" (마 25:13)
"오랜 후에 그 종들의 주인이 돌아와 그들과 결산할 새" (마 25:19)
"그 주인이 이르되 잘하였도다 착하고 충성된 종아 네가 적은 일에 충성하였으매 내가 많은 것을 네게 맡기리니 네 주인의 즐거움에 참여할 지어다 하고" (마 25:23)

## 1) 때를 분별하는 경영 : 출구전략(Exit Strategy)의 원리

끝으로 안식과 관련하여 크리스천 경영자의 인생과 사업의 출구전략에 대해서도 생각해 볼 필요가 있다. 주님께서 제자들을 보내시며 내가 너희를 보냄이 양을 이리 가운데로 보냄 같다고 말씀하셨으며 너희는 뱀처럼 지혜롭고 비둘기 같이 순결하라고 말씀하셨다(마 10:16). 왜 비둘기보다 뱀을 먼저 말씀하셨을까? 험난한 세상에서 순결해도 지혜롭지 못하다면 그 순결함을 지켜낼 수 없기 때문이라고 생각된다.

인류 역사에 종말이 있듯이 인생과 사업에도 시작과 끝이 있다. 그리고 그 끝은 누구에게나 불현듯 찾아오게 되며 중요하다. 그래서 때를 분별하는 경영은 가장 큰 지혜이며 우리의 영이 겸손한 가운데 살아 있어야 주어지는 것이다.

교만은 때를 흐리게 하며 패망의 선봉이 된다. 전도서 3장 1~8절에서는 범사에 기한이 있고 천하만사가 다 때가 있다고 하였다. 사업도 마찬가지로 창업의 때가 있고 성장의 때가 있으며 승계의 때가 있고 회생과 정리의 때가 있다. 환경과 사업의 사이클을 잘 파악하여 지금 어느 국면에 있는지를 판단하고 시점에 맞는 지혜로운 전략을 펼쳐야 할 것이다.

## 2) 사례 : 제스파

제스파는 건강미용기기 유통업체로서 그 전신이 된 태광그린 시절 국내 굴지의 대형 백화점과 할인매장에 진출하여 성업을 하고 있었다. 1993년 치열한 경쟁을 뚫고 서초동 삼풍백화점에 입점하여 1층 요지에 실버용품 매장을 운영하고 있었던 김태주 대표는 지인으로부터 삼풍백화점 경영주에 대해 듣고 난 다음 전격적으로 매장철수(Exit)를 감행하였다. 그 이유는 단순히 오너의 경영철학에 문제가 있다는 것이었다. 당시 삼풍백화점의 부실공사에 대한 정보는 전혀 없었다고 한다. 석달 후 삼풍백화점이 붕괴되고 태광그린은 큰 손실을 예방했을 뿐만 아니라 매장직원의 생명을 보호할 수 있었다.

그 후에도 태광그린은 IMF 이전 건설회사가 모기업인 대형 백화점과 할인점에 입점했던 매장들을 철수(Exit)하였다. 왜냐하면 경기 침체기에 그들이 자금을 건설회사에 전용할 것이라는 예상 때문이었다. 과연 태광그린이 철수(Exit)한 대형매장인 나산, 킴스클럽, 롯데백화점 등이 연쇄 부도를 내면서 쓰러져 갔다.

또한 김태주 대표는 대형 유통업체들이 직구 방식으로 전환하였을 때 단순 납품업체로서의 한계를 깨닫고 직원들에게 매장과 재고를 전폭적으로 지원하여 독립시켜 준다. 그리고 자신은 사업과 신앙의 하프타임(Exit)을 갖게 된다. 이점은 사업하는 사람들이 주목해야 할 대목이다.

부부가 4년간 안식의 기간을 가지면서 새롭게 건강미용 분야의 메이커로서 제스파(ZESPA: Zenith+Sparkle: 정상의 불꽃)라는 이름으로 재탄생하게 된다. 그는 이제 2세인 사업본부장에게 경영을 위임하고 재단을 설립하여 봉사의 인생을 새롭게 시작하고 있다.[67]

## 3) 고백과 선포

우리는 인생과 사업에 있어서 두려움에 대해 생각하지 않을 수 없다. 왜냐하면 사업의 실패, 세상의 이목과 죽음에 대한 두려움은 우리의 안식과 행복의 기회를 앗아가 버리기 때문이다. 그래서 많은 기독경영자들이 자신이 기독교인임을 고백하면서도 기독경영을 하겠다고 선포하기는 두려워한다. 그것은 기독경영 프로세스가 결코 쉽지 않고, 성공할 가능성이 크지 않다고 생각하기 때문이다. 여기서 우리는 마태복음의 말미에 나타난 아리마대 요셉의 사례를 생각해 볼 필요가 있다.

아리마대 출신 부자 공회원 요셉은 예수의 제자였다. 그는 빌라도에게 예수의 시신을 요청하고, 빌라도가 허락하자 예수의 시신을 받아 깨끗한 베로 싸 바위에 굴을 판 자신의 새 무덤에 두고 돌로 막았다(마 27:57~61). 그는 하나님 나라를 기다리고 있는 사람이었고(막 15:42~47), 선하고 의로운 사람이었으나(눅 23:50~56), 예수의 제자였지만 유대인이 무서워 숨어 있었다. 밤에 니고데모도 몰약과 침향을 가지고 왔다. (요 19:38~42)

아리마대 요셉과 니고데모는 당대의 경영자요 지식인이었다. 두 사람은 유대인들을 두려워하여 숨어 있었다. 그러나 예수님의 죽음, 예수님의 시신 앞에서 마침내 커밍아웃하게 된다.

예수님의 죽음을 직면할 때 우리는 선택의 순간을 맞는다. 나의 죄를 대신하여 죽으신 그 분 앞에서 두려움은 더 이상 고개를 들 수 없다. 우리가 주님의 십자가 죽음을 묵상할 때 세상에 대한 두려움은 약화되고 물러가게 된다. 아리마대 요셉은 빌라도에게 감히 자신이 그리스도의 제자임을 선포하면서 예수님의 시신을 달라고 당당하게 요청한다. 그는 그 다음 장면인 부활의 장면을 전혀 예측하지 못했던 사람이었다. 하물며 부활의 소식을 들은 우리들은 어떠해야 하는가? 내가 기독교인인가? 나는 경영자인가? 그것이 나의 진정한 아이덴티티라면 십자가 앞에서 마땅히 두 가지를 모두 고백하고 선포해야 한다. 왜냐하면 주님께서 그것을 위해 죽으셨기 때문이다.

이처럼 성경적인 경영을 조직 내외에 공적으로 선포하고 나아갈 때 주님은 감당할 수 있는 용기와 능력을 주신다. 또한 아리마대 요셉처럼 그분의 기록에 소중히 남겨주실 것이다. 동시에 이것은 우리의 인생과 사업의 출구전략으로 이어진다. 요셉은 자신이 예비한 무덤에 예수님의 시신을 모셨다. 우리의 인생은 어쩌면 자기의 안식할 무덤을 준비해가는 과정이라고도 볼 수 있다. 예수님의 멍에를 메고 그의 가르침대로 하나님 나라를 위해 헌신하는 것은 예수님을 모시고 영원한 삶을 살기 위한 준비로 진정한 안식의 경영이 될 수 있다.

# 🔲 실천 지침

1. 그침과 쉼 : 일을 그치고 영적, 육체적 쉼을 위한 시간과 공간을 마련해 보자. 회사에서도 휴식과 여유 공간을 만들어보자. 중복적이거나 불필요한 일을 제거하고 단순화를 통해 쉴 여유를 만들자.

2. 영혼의 성찰 : 성찰기도를 통해 거룩한 카이로스의 타임으로 들어가 보자. 일상에서 쉴만한 물가로 인도함을 받는(시 23편) 메누하의 경험을 누려보자. 모든 욕구를 내려놓고 하나님과의 관계만 생각하는 시간을 갖자.

3. 균형과 통합 : 자기자신-가정-일-교회와 공동체로 이루어지는 라이프사이클을 검토해 보고 바람직한 비중과 우선순위를 조정해보자.

4. 안식 매뉴얼 : 안식을 위한 나와 가족, 직원의 실천항목을 만들고, 필요한 경우 제도화하기보다는 참고 지침을 만들어보자.

5. 비즈니스 라이프사이클 : 사업의 시작부터 승계, 정리까지의 사이클을 그려보고 안식의 관점에서 단계에 맞춘 계획을 세워보자.


# 🔲 토의주제

1. 나, 직원, 회사가 안식하지 못하는 이유들은 무엇인가?

2. 안식을 위한 성찰기도의 시간을 가지고 있는가? 안된다면 그 이유는 무엇인가?

3. 조용한 안식에서 더 나아가 적극적인 안식으로, 재미와 즐거움을 창조하는 기업문화를 어떻게 만들 수 있을까?

4. 우리의 사업은 어느 단계인가? (창업, 확장, 정리, 철수 또는 합병) 단계에 따른 전략은 수립되어 있는가?

5. 사업승계를 한다면 계획과 절차는 준비되고 있는가?

# Epilogue
맺는 말

이상으로 마태복음에 나타난 성경적 경영원리들을 살펴보았다. 중요한 원리를 1) 팔복과 리더십 2) 헤세드 3) 청지기 정신 4) 섬김의 원리 5) 황금률 6) 위기극복 7) 인재 육성 8) 위임과 BAM 9) 안식과 출구전략의 9가지 원리로 정리하였으며, 이를 기업의 창업과 성장 발전 단계에 따라 순차적인 프로세스로 구성해보았다.

먼저 우리에게는 예수님의 십자가를 묵상하며 겸손한 자기성찰과 회개를 바탕으로 주님 안에서 참된 안식과 쉼을 누림이 필요하다. 그 다음 사업의 청지기로서 창조적 달란트를 가지고 섬김의 리더십을 개발하며 사업의 사명을 정립하고 책임을 갖고 사업을 수행한다. 그러는 중에 경영자는 예상치 않은 사업상의 위기를 극복해 나가게 되고, 그 안에서 하나님이 함께 하시는 형통의 열매를 누리게 된다. 이 과정에서 우리의 성품이 연단되어 성화로 나아가게 된다.

이렇게 축적된 경험은 제자훈련을 통해 다음 세대로 이어져 발전하게 되며 나아가 대위임령을 실천하며 하나님 나라를 확장할 수 있게 된다. 예수님의 십자가 사명을 향한 열정을 본받아 우리에게 주어진 기독경영의 사명을 열정을 갖고 수행해 나아가야 한다. 이 가운데 우리는 겸손히 하나님의 뜻을 살피며 때를 분별하

고 인생과 사업을 결산할 수 있는 지혜가 필요하다. 이러한 기독
경영의 프로세스 가운데 우리는 오직 성령의 은혜에만 의지해야
한다. 이를 통해 진정한 안식을 누리고 하나님의 부요함을 체험
하며 나눌 수 있게 된다.

〈기독경영 관점에서 본 마태복음의 하나님 나라 프로세스〉

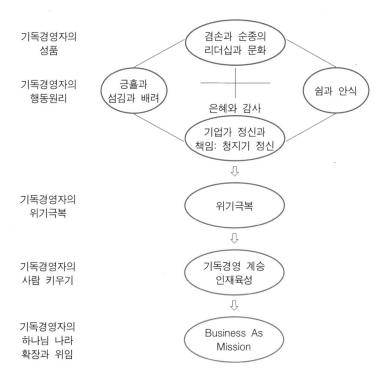

이제 결론적으로 검토할 것은, 그러면 우리가 인생과 사업을 통해 맺은 성과와 관계의 열매들은 하나님 나라와 어떻게 관계될까 하는 것이다. 흔히 "이 세상의 모든 것은 지나가고 오직 영원한 것 만이 남는다" 라고 한다. 정말 우리의 이 세상에서의 모든 노력은 결국 사라지게 될까? 그렇다면 영원한 것이란 무엇을 말하는 것인가?

"그런즉 믿음 소망 사랑 이 세 가지는 항상 있을 것인네" (고전 13:13)

여기서 우리는 다시 예수님께 초점을 맞추게 된다. 예수님은 이 세상을 '이처럼' 사랑하셔서 성육신 하셨다. 스스로 하나님의 지위를 포기하고 사람이 되셨다. 그리고 성육신 하신 그대로 부활하셔서 하늘나라로 올라가셨다. 이것은 우리에게 통찰을 준다. 우리가 하는 기독경영의 수고로운 행위는 성육신의 본을 따르는 것이라고 볼 수 있다. 그 선한 열매는 설사 불완전하다 하더라도 고린도 전서에 나온 믿음, 소망, 사랑의 속성을 지니게 된다. 그 것은 영원한 가치로서 하늘나라에서 영원한 기념이 될 것이다.

평생 일의 신학을 연구한 목수이자 신학자인 폴 스티븐스는 그의 저서 "일의 신학"에서 천주교 신학자 존 호이의 해석을 인용한다; "믿음, 소망, 사랑 자체가 남는 것이 아니라, 믿음과 소망과 사랑으로 행해진 일이 영원하다는 말이다. 영원한 것은 이러한 덕목으로 행해진 행위이다. 의도에서 흘러나온 실천이다. 덕목이 일터에서 실체가 되는 것 이러한 것이 영원할 것이다." [68]

바울은 고린도 전서에서 이렇게 맺고 있다. "그러므로 내 사랑하는 형제들아 견고하며 흔들리지 말며 항상 주의 일에 더욱 힘쓰는 자들이 되라. 이는 너희 수고가 주 안에서 헛되지 않은 줄 앎이라."(고전 15:58)

또한 우리는 우리 스스로를 평가할 수 있어야 한다. 그 기준은 무엇인가?

기독교 철학자인 니콜라스 월터스토프는 경영철학을 한마디로 명쾌하게 정의한다.

"저장된 잠재력의 실현"

근본적으로 이것은 피조 세계를 향한 창조주 하나님의 일이며, 우리를 향하신 그분의 영광스런 위임이다. 우리는 기업활동을 통해 우리와 관계된 사람, 피조물, 사물에 내재된 잠재력을 창조적으로 발현시켜 하나님의 영광을 드러내는 사명을 받은 사람들이다. 따라서 기업과 직원들에게 내재된 잠재력을 얼마나 충분히 발현시켰는가? 얼마나 하나님의 영광을 나타나게 했는가? 우리 자신이 그 발현의 기회를 가리지는 않았는가? 라는 질문을 언제나 겸손한 자세로 스스로에게 던져야 할 것이다. 훗날 최선을 다한 우리에게 주님은 말씀해 주실 것이다.

"그 주인이 이르되 잘하였도다 착하고 충성된 종아 네가 적은 일에 충성하였으매 내가 많은 것을 네게 맡기리니 네 주인의 즐거움에 참여할지어다" (마 25:23)

# 주석 및 참고문헌

1) 박철 외, "굿 비즈니스 플러스", 맑은나루, 2018.

2) TOW 프로젝트, "일의 신학 성경주석3(일하는 크리스천을 위한 사복음서 사도행전)", p28-29, 두란노서원, 2017.

3) 박은서, "바이블 아카데미-신약편", p12-13, 도서출판 그날, 2017.

4) 데이빗 웬함, 스티브 월튼, "복음서와 사도행전", 박대영 옮김, 한국성서유니온, 2013.

5) 피터 라잇하르트, "손에 잡히는 사복음서", p9-10, IVP, 2020.

6) 박은서, "바이블 아카데미", p18, 도서출판 그날, 2017.

7) BAM(Business As Mission) : 직업이나 비즈니스를 단지 선교의 도구로 보는 것이 아니라 그 자체가 하나님의 일로서 하나님께서 주신 소명이며 전임사역으로 보는 것.

8) 톰 라이트, "모든 사람을 위한 마태복음", p90, IVP, 2002.

9) 이성혜, "룻기에 나타난 헤세드", p14, KRU33, 2015.

10) https://www.chosun.com/culture-life/book/2020/10/14/Y5B2EYSCLNA6BHMGN7L7HESVZ4/

11) 아시아경제, "착한 기업 오뚜기, 갓뚜기 된 일곱가지 이유", 2017/07/24, 오뚜기 창립 50주년, http://www.ottogi.co.kr/pr/fifty_list.asp

12) 기독경영연구원, "굿 비즈니스 현장스토리", p144-167, 맑은나루, 2020.

13) 김세중, "영화로 본 공유가치창출", CMR22호, p60-63, 기독경영연구원, 2020.

14) 한국능률협회컨설팅, "GE코리아 발표", CSR 포럼, 2012.

15) 국가청정생산지원센터, "지속가능 100대 기업 분석보고서 2009.2"에서 발췌요약

16) 김세중, "Church for Society", CMR18호, 기독경영연구원, 2017.

17) 김세중, "세이비어 교회 현장 인터뷰", 2019년 한국리더십학교 US 필드 스터디, 2019.

18) 세이비어교회 사역자, 40년 이상 세이비어교회 스탭을 지냄, "세상을 위한 교회 세이비어교회 이야기" 저자

19) 1) 빈곤종식 2) 기아해결 3) 건강과 복지 4) 양질의 교육 5) 성평등 6) 깨끗한 물과 위생 7) 지속가능한 청정에너지 8) 좋은 일자리와 경제성장 9) 산업혁신과 인프라 10) 불평등 해소 11) 지속가능한 도시와 공동체 12) 지속가능한 소비와 생산 13) 기후변화 대응 14) 해양생태계 15) 육상생태계 16) 평화, 정의, 강력한 제도 17) 글로벌 파트너십

20) 성태경, 성기정, "경제학적 관점에서 본 성서속의 달란트 비유", p25, 로고스경영연구, 2010.4.

21) Holm]an Bible Dictionary

22) 유사한 내용이 누가복음 19:12-27의 므나 비유에도 나옴.

23) Hugh Whelchel, Monday Morning Success: How Biblical Stewardship Transforms Your Work, Institute for Faith, Work, and Economics, 2015.

24) 이윤재, "성경적 기업가 정신: 창조경제와 그 시사점," 오이코노모스, 1권 1호 p.89, 2014, 봄.

25) 추가적으로 청지기 정신과 관련하여서는 창세기 1:28, 12:1-11; 잠언 16:3; 마가복음 12:1-11; 누가복음 16:10-13; 고린도후서 9:6-7; 골로새서 3:23; 베드로전서 4:10 등을 참조 바람.

26) 기업가 정신과 관련된 청지기의 세 가지 직분론에 대하여는 지범하 편역, "크리스천 경영노트", p253-256을 참조, 두란노 서원, 2013.

27) Jay Morris, The Wayward Journey: Communication, Leadership, Change, Jay Morris Communications LLC.

28) Stewardship Asia Centre, Stewardship Principles for Family Business: Fostering Success, Significance, and Sustainability, 2016.

29) 박철 외, "굿 비즈니스 플러스", p115, 맑은나루, 2018.

30) 사무엘하 22장 1-4절에 나오는 다윗의 경우와 고린도후서 1장 9-13절에서 바울의 하나님에 대한 절대 신뢰를 참조 바람.

31) 박철 외, "굿 비즈니스 플러스", p135, 맑은나루, 2018.

32) 디모데전서 6장 1-20절 참조.

33) Herman Daly, Beyond Growth, Beacon Press, 1996과 Kenman Wong and Scott Rae, Business for the Common Good, IVP Press, 2011. (지범하 역, 공동선을 위한 비즈니스) 9장을 참조하기 바람.

34) Andrew Savitz and Karl Weber, The Triple Bottom Line: How Today's Best-Run Companies are Achieving Economic, Social, and Environmental Success, Jossey-Bass, 2006.

35) John Beckett, Loving Monday: Succeeding in Business without Selling your Soul, IVP Books, 2006. (번역본, "다니고 싶은 회사 만들기: 영혼을 팔지 않고 일하는 사람들", 홍성사, 2012)

36) 기독경영연구원, "굿 비즈니스 현장스토리", p24-47에서 요약 정리함.

37) 여기 제시한 점검 항목들은 Stephen Austin, Rise of the New Ethics Class, Charisma House, 2004에 있는 자료를 바탕으로 취합하였음.

38) 복음적 측면에서 정의와 공정의 필요성에 대하여는 마태복음 23:15-28, 일관성 있는 법과 규칙의 적용은 마태복음 12:18-21, 공정한 집행과 관련하여서는 마태복음 7:19-23과 10:42 및 20:1-16을 참조 바람.

39) John Stott, Foreword to The Care of Creation. 이는 Scott Rae and Kenman Wong, Business for the Common Good, Zondervan, 2004 에서 인용.

40) Os Guinness, The Call: Finding and Fulfilling the Central Purpose of Your Life, Word, 1998 (홍병룡 역, "소명: 인생의 목적을 발견하고 성취하는 길", IVP, 2019)를 참조.

41) 마태복음 23장 1절-7절

42) 마태복음 23장 8절

43) 요한복음 14장 6절

44) 마태복음 22장에서 인용한 신명기 6장 5절의 원 계명은 '마음을 다하고 뜻을 다하고 힘을 다하여 네 하나님 여호와를 사랑하라'로 표현되어 있음.

45) 신명기 15장 12-18절 참조.

46) 코스트코와 시네갈 등의 사례는 Scott Rae and Kenman Wong, Beyond Integrity: A Judeo-Christian Approach to Business Ethics, Zondervan, 2004, p146-151을 요약한 것임.

47) John Beckett, Loving Monday: Succeeding in Business without Selling your Soul, IVP Books, 2006. (번역본, "다니고 싶은 회사 만들기", 홍성사) 참조.

48) 프랜의 사례는 미국 필라델피아에 있는 CarSense사의 설립자인 Fran McGowen이 크리스천기업윤리 컨퍼런스에서 행한 간증을 중심으로 "크리스천 경영노트: 기독교 정신이 경영윤리에 답하다", 지범하 편역 (두란노서원, 2013), p343-346에서 발췌한 것임.

49) TOW 프로젝트, "일의 신학 성경주석3(일하는 크리스천을 위한 사복음서 사도행전)", p75, 두란노서원, 2017. ; 맥스 드프리, "성공한 리더는 자기 철학이 있다", 북플래너 역간, 2010에서 재인용.

50) Bill Pollard, The Soul of the Firm, Harper Business, 2000 (김성웅 역, "서비스의 달인", 낮은울타리, 2000) p45 참조.

51) Max dePree, Leadership is an Art, Doubleday, 1989 (윤종석 역, "리더십은 예술이다", 한세, 2003) p110 참조.

52) Henri J.M. Nouwen, Life of the Beloved: Spiritual Living in a Secular World, 1992 (김명희 역, "이는 내 사랑하는 자요", IVP, 2002) 참조.

53) 고신일, "명품 크리스천" p144-146, ㈜넥서스, 2012.

54) 앞의 책, "명품 크리스천"에서

55) 켄 블랜차드, "Raving Fans, 열광하는 팬", 21세기 북스, 2001.

56) GE 코리아 발표(2012)

57) 이냐시오 이리사르 외, "몬드라곤은 어떻게 두 마리 토끼를 잡았나", p108, 200, 착한 책가게, 2016.

58) 안셀름 그린, "삶의 기술", p74-75, 분도출판사, 2006.

59) 양용의, "마태복음 어떻게 읽을 것인가", p247-248, 성서유니온, 2005.

60) 박철 외, "굿 비즈니스 플러스", p.259-264, 맑은나루, 2018.

61) 아브라함 헤셀, "안식", p147, 복 있는 사람, 2014.

62) 임영수, "영성과 삶", p11-12, 홍성사, 2007.

63) 앞의 책, p30

64) 안셀름 그린, "삶의 기술", p28, 분도출판사, 2006.

65) 제임스 마틴, "Finding God", 2014. (성찬성 옮김, 가톨릭 출판사)

66) 박철 외, "굿 비즈니스 플러스", p277-278, 맑은나루, 2018.

67) 기독경영연구원, "굿 비즈니스 현장스토리", 맑은나루, 2020.

68) 폴 스티븐스, "일의 신학", p254, 도서출판 CUP, 2014.

# 저자 소개

*Matthew and Business*

(가나다 순)

## 김세중

고려대학교에서 경제학과 MBA를, 강원대에서 공유가치창출로 박사학위를 받았다. 대림산업 중동근무를 거쳐 미국 오하우스 한국지사장을 역임하였으며 현재 한림대학교 글로벌협력대학원 겸임교수로 경영전략과 개도국 민관협력개발을 자문하고 있다. 기독경영연구원 부원장, 한국리더십학교 이사이며 청년지도자 육성에 관심을 갖고 있다.

## 박상규

연세대 문리대학에서 한국근현대사, 감신대 대학원에서 문화선교를 전공하고 네트워크 전문사역을 진행하고 있다. 일산광림교회 부목사(현)이며 글로벌테크미디어 (주)퍼블리시 경영기획 본부장(현), 연세대 MEDICI 사회적경제협의회 대표(현), 감리교W 협동조합 사무총장(현), (사)실버평생교육협회 이사(현)이며 기독경영연구원 포럼 팀장과 BAM 부위원장을 맡고 있다.

## 이천화

경희대학교에서 회계학을 전공하고 동대학원에서 비영리분야를 연구하여 박사학위를 받았다. 한국 및 미국공인회계사이며, 가립회계법인에서 근무하고 있다. 현재 경희대학교 경영대학원에서 비영리법인의 회계와 세무를 강의하고 있으며, (재) CBS기독교 방송, (사)한국국제기아대책, (복)이랜드 재단, 한반도평화연구원, 효산의료재단 및 기독경영연구원 감사를 맡고 있다.

## 조성도

전남대학교 경영대학 교수로 재직 중이며 기독경영연구원 연구위원으로 활동하고 있다. 한국통신(현 KT) 연구개발본부 전임연구원으로 근무했다. 청년과 대학생 제자훈련 사역에 참여해 왔으며 사회와 삶에 하나님 나라 원리를 적용하는 데 관심을 갖고 있다. 사회공헌과 사회문제 해결을 위한 교과 및 비교과 사회혁신 교육 활동에도 참여하고 있다.

## 지범하

서울대학교에서 경영학을 전공하고 미국 펜실베니아 대학교 와튼스쿨에서 박사학위를 취득한 후 펜실베니아 주립대학교 교수, 대한생명보험 상무이사, 미국 뉴욕의 킹스칼리지 경영대학장을 역임하였다. 현재는 한동대학교 경영경제학부 교수로, 기독경영연구원 이사, 한국FP(재무설계)학회 회장, 보험 및 리스크 관리학회와 한국금융소비자학회 부회장으로서 학술 및 자문활동에 참여하고 있다.

# 마태복음에서 만난 경영의 지혜

초판 1쇄 발행 2021년 7월 1일

글쓴이 · **김세중 외 공저**
발행인 · **이낙규**
발행처 · **㈜샘앤북스**
　　　　신고 제2013-000086호
　　　　서울시 영등포구 양평로22길 21, 선유도코오롱디지털타워 310호
　　　　Tel. 02-323-6763 / Fax. 02-323-6764
　　　　E-mail. wisdom6763@hanmail.net
ISBN 979-11-5626-340-1　　03320

**"맑은나루는 ㈜샘앤북스의 단행본 브랜드입니다"**